いま日本人に読ませたい「戦前の教科書」

日下公人

JN215210

祥伝社黄金文庫

本書は、二〇一三年六月に刊行した単行本を
加筆・修正のうえ、文庫化したものです。

はじめに

「日本を取り戻す！」

二〇一二年の暮れ、安倍晋三《あべしんぞう》総理は国民に向かって、力強くこう宣言した。日本経済の低迷は二〇年にもおよび、尖閣《せんかく》諸島をめぐる軋轢《あつれき》など外交・安全保障の問題も浮上して、国民が日常で感じていた不安は大きくなるばかりだった。この三年前に政権を獲《と》った民主党は国民の期待を大きく裏切り、社会全体に失望感が横溢《おういつ》していたから、自民党は再び政権の座に就《つ》くべくして就いた。

施政方針演説の冒頭で、安倍総理はこう述べている。

「強い日本——それを創《つく》るのは、他の誰でもありません。私たち自身です。私たち自身が、誰かに寄り掛かる心を捨て、それぞれの持ち場で、自ら運命を切り拓《ひら》こういう意志を持たない限り、私たちの未来は開けません。日本は、今、いくつもの難しい課題を抱えています。しかし、くじけてはいけない。諦《あきら》めてはいけません」

それは国民が日本に誇りを持ち、「強い国」だと実感できるようにしていこうという、明快なメッセージだった。この発言が優れているのは、強い国、誇りを持てる国というのは誰かが与えてくれるものではなく、自分たちで作るものなのだと、国民にはっきり呼びかけているところだ。みんなで頑張って、繁栄と安心をもう一度取り戻そうというのである。

ところが、こうしたメッセージに対して「取り戻して、古い日本にするというのか」と、否定的な意見を言って憚《はばか》らない人がいる。「『強い日本』とは、軍国主義のことじゃないか」という論調の新聞もある。彼らは「古い日本」や「取り戻す」といったことは悪であると頭から決め込んでいるのである。

しかも学校では「昔の日本」は、戦争をした悪い国だと教えている。そして戦前は、戦争賛美一色で、国民の生活は抑圧された暗黒時代だったかのように思われている。

しかし、それはまったく事実と違う。

その証拠が、戦前の日本で使われていた教科書である。当時の義務教育課程である尋常《じんじょう》小学校で、開戦の前年まで使われていた教科書は、国家主義でも国粋主義でもない。封建的な美徳の礼賛《らいさん》をしていたのでもない。

とくに一九一八（大正七）年から一九三二（昭和七）年まで使われた教科書は、大正デモクラシー独特の明るさがあり、世界に向かって日本の主張をするという気高い精神が持てるような、またそれができるだけの教養が詰まっていた。特筆すべきは、それを「国語の教科書」で教えていたことである。

伝統回帰の議論をするためには、伝統を知らないとできるはずがない。

今の教科書では、伝統というと歴史だろうという思い込みから、史実を並べてこと足れりとしているが、そうではないだろう。日本人の心、日本精神、それが染み込んでいないと伝統を理解したことにはなるまい。

伝統を取り戻すとはどういうことなのか、今の日本人は何を持つべきなのか、戦前の教科書をひもときながら、示していきたいと思う。

二〇一三年六月

日下公人《くさかきみんど》

文庫版のためのまえがき

本書は二〇一三年に刊行した『いま日本人に読ませたい「戦前の教科書」』の文庫版だが、決して古い本ではない。むしろ新しい本だと思う。

「古い」というのは戦前を暗い時代だときめこんでいる人の考えで、本書を読めばその誤りは誰でもすぐわかる。

戦前といえば暗黒で軍国主義で国民は封建的な日本国家の下で…と思うのは戦勝国アメリカが吹きこんだ考えだから日本人は目をさまさねばならない。

さもないと大東亜戦争で日本が善戦敢闘し、それにつづいては高度経済成長をなしとげ、今はさらに新しい未来へ独走をつづけている理由がわからない。

さらに安倍首相が世界のリーダーの一人にえらばれるわけもわからない。

アメリカが近頃ふるわないわけもわからない。

答えは戦前の日本と日本人は素晴らしかったと気がつくことである。

今ならまだ間に合うだろう。

新しい日本人がつくりつつある新しい日本が世界に輝く日は近いと予感している。

敗戦によって利得した人たちが第一線をしりぞいてゆくと、戦前の風流で温和でしかも事に臨んでは一歩もひかない日本人が姿を現わしてくるのは世界が待望していることである。

そのとき日本の小学校の教科書は世界で広く読まれるようになると思う。

すでにベトナムには〝道徳〟の教科書がある。

さらに中国では〝精日族〟の登場がある。（コスプレのひとつとして〝旧日本軍の軍服を喜んで着て歩く〟社会現象で精神は日本人という意味である）

また、マレーシアではマハティール氏が選挙で勝って首相に再登場した。〝ルック・イースト〟を唱導した人で、その意味は〝日本に学べ〟である。

第二次大戦で日本が善戦敢闘したことは世界が知っているが、その理由は〝軍国主義〟とか、〝天皇崇拝〟とか、〝封建的〟とか、〝狂信的〟とかのスローガンにかき消されてきた。そのすべては連合国の都合によってつくられたものだからだんだんメッキがはげてくるのは当然である。

私たち、昭和ヒトケタ生まれの人間にとってはもともと自明のことばかりだが、今、こうして世界の方から戦前の日本のホントの姿を知りたいといわれる時代がくるとは感無量である。

それはこの教科書を読めばわかると思うが、どこにも無理がない。言われてみれば納得することばかりである。

日本的な特殊な話はあるが、それは日本がすでに消化し昇華したものである。

その日本には一〇〇〇年を超える思索と実行と反省の歴史がある。

それは庶民の常識や生活習慣の中にも伝わっている。

現在、外国人観光客や訪日旅行者の増加によって新しい「日本論」と「日本観」が求められている。

外国人は古い日本を探せば答があると思っているだけではなく、新しい日本も知りたいと思っている。が、それは日進月歩している。

それを探求し、発見してゆくことは日本人にとっても重要なことである。

日下《くさか》公人《きみんど》

二〇一八年六月

目次

第二章　世界最高水準だった日本の小学校教育

第三章　周りのものに目を向けなさい――115

第五章　人間教育は知・情・意のバランス――205

装丁　坂川栄治+鳴田小夜子（坂川事務所）

第一章

国語がすべての基本である

◆西洋的進歩礼賛思想の愚

「古い日本」や「取り戻す」といったことは悪であると頭から決め込んでいるのは「進歩礼賛思想」である。

「人間社会は、より発展した方向に進む」という進歩思想を自明であるかのように思っている人もいるが、こんな考え方が世の中に広まったのは、たかだかこの三〇〇年間のことだ。

古来、世界のあらゆる宗教は、人間社会はだんだん悪くなると教えている。

たとえば仏教では、釈迦《しやか》が悟りを開いてから一五〇〇年が過ぎると正しい教えは消えて、末法《まつぽう》の時代に入るとしているし、キリスト教にも、悪を滅ぼすために神による大規模な介入が起こるという終末思想がある。イスラム教も、悪くなった人類が滅んで善人だけが復活すると教えている。人間は放っておけば堕落《だらく》するものだという前提があればこそ、宗教上のさまざまな戒《いまし》めが生まれたのである。

もともと人間には道徳的な心が備わっているから、ふと自らを省《かえり》みることがある。そうして「自分はやはり汚い人間だ」「自分は間違っているのではないか」と思うので、それが集積して洗練されて宗教になる。「未来は明るい。輝いている」などという宗教はない。なべて悲観的である。「将来は暗い。だから心を入れ替えなさい」と教えるのである。

進歩して世の中がよくなると言いだしたのは、ジャン＝ジャック・ルソーほか十八世紀の啓蒙《けいもう》思想家たちである。従来の価値観や伝統などを「慣習」ととらえ、そこからの解放を唱えた。それが王様の首をはねたり教会の財産を没収したりすることの理論的支柱になったのである。

王侯、貴族や教会の財産を没収して急に資産家になった人たちは、自分たちを市民と呼び、フランス革命は〝市民革命〟だと称した。市民運動家と呼ばれる人たちはこの考え方を拠《よ》り所《どころ》にしているから、彼らが「ほら世の中がよくなった」と自画自賛するのは、自分にとって都合がよくなっただけにすぎない。また「社会は必然的に進歩していくもの」という考え方の極端な例はマルクス主義で、その賞味期限はとっくに切れてしまった。

◆「アメリカ人になればうまくいく」のか

たしかに進歩してよくなったことはたくさんある。

この三〇〇年ほど、「人間の知恵で、科学も社会も進歩する」と信じられてきたのには裏づけもある。人間の平均寿命は延びたし、世界の人口も増えた。あらゆるモノの生産量は増え、社会は豊かになった。科学技術の発達はめざましかったから、その背後にある合理主義とか効率主義も含めて欧米の文明・文化は素晴らしいということになった。

しかし、貧困がなくなったわけではないし、どこの国でも格差はますます広がっている。当然、日本だってその流れの中にある。

それでもなおアングロサクソン流（あるいはユダヤ流）の市場経済を広めよう、徹底させようとする人たちがいる。その人たちは、いまだに「西洋型社会のパターンで未来は開ける」と主張している。

欧米諸国と日本では国の成り立ち、歴史や文化が違うのに、日本にアングロサクソン流の解雇規制撤廃（正社員首切りの合法化）を持ち込もうとしたり、社内公用語を英語にするといった愚策を進めようとする人たちがいる。いったい、母国や母国語をどう考えているのだろう。日本人がアメリカ人になればうまくいくと思っているのだろうか。

進歩礼賛思想の延長線上に「勉強すればすべてよくなる」という錯覚もあった。一九六〇年代の高度経済成長を経て八〇年代末のバブル景気のころまで、日本はなんでも欧米の真似をしてきたから、欧米の学問を身に付けた人はたしかに金も儲かったし、社会的な地位も上がった。「欧米の後追いをする日本のリーダー」としての立場が居心地よかったのだろう。だから彼らはいまだに、西欧崇拝をやめようとしない。

だが今、進歩、科学、合理性といった西洋的な価値観だけが立派なわけではないし、それほど普遍的でもないことに、少なからぬ人が気づき始めた。以前から、ごく普通の市井《しせい》の人々はとっくに気づいていたのだが、ようやく西欧の浅薄《せんぱく》なやり方を真似することはない、という考え方が広範な層に広がってきたように思う。

それは日本の場合は江戸時代回帰や室町時代回帰になる。日本の良さの淵源《えんげん》はもっと昔にあると思うが、そういう日本学はまだ誕生していない。だからとりあえずは江戸、室町時代に日本が独自につくり上げた日本精神・宗教・芸術・文明・文化を目指すのだ。西洋化・近代化のカバーをとって、その奥にある日本の良さを取り戻すことは、日本のためのみならず世界のためにもなる。

アベノミクスはそういう深い根を持っていると思う。日本独自の価値観を表わすその姿は、今後日本の庶民の心の奥から湧くようにして出て来るだろう。幕末のころ、あるポルトガル人はこう書いていた。

「日本は軍備でも技術でもはるかに遅れているのに、庶民の一人ひとりまでが我々ポルトガル人を見下すわけがやっとわかった。ある庶民がこう教えてくれた。『あなた方は人を奴隷にするからだ』……と」

こういう話がこれからたくさん出て来るだろう。その根源は日本の小学校教育とキリスト教の教えの差にあると思う。

そこでまずは日本の小学校教育のほうから見てみよう。

◆トップクラスもどん底も経験してきた日本

有史以来、日本は実にさまざまな経験をしてきた。大陸からの文明・文化を咀《そ》嚼《しゃく》して「日本文明」をつくり、鎖国もしたし開国もした。西洋文明を追いかけて工業化も果たし、日清・日露戦争を経て軍事力と経済力で欧米列強に肩を並べるところまで頑張った。世界三大海軍国・五大陸軍国のひとつに数えられ、国際連盟の常任理事国にまでなったのだから、世界の〝親方五人衆〟と比喩できるぐらいの中に入ったわけである。第二次世界大戦で焦土になったが、そこからも再度世界も驚く復興と経済成長を遂げている。

豊かな水があって四季のある美しい国土は、しばしば自然災害に見舞われる。毎年、台風に襲われるし、何度も大地震に見舞われながらも、その都度、復興を遂げてきた。日本ほど「トップクラス」も「どん底」も経験して今日がある国は、世界中を探しても、ない。

その上、特筆大書すべきは、その間一度も異民族に征服されなかったので、日本人の人種・国語・文化・こころが途切れることなく続いてきた。そんな豊富な経験があるから、単に「日本には日本の素晴らしさがある」と言えばいいのである。空威張《からいば》りでもなければ夜郎自大《やろうじだい》でもない。卓越した技術力や勤勉性はもちろんだが、とりわけ東日本大震災のあと、海外からも賞賛されて再認識したのは、思いやりやいたわり合う心だった。

西洋型の進歩礼賛思想を乗り越えつつある今、再び政権トップの座に就いたのが安倍総理だった。その彼が「強い日本を取り戻そう」というスローガンを掲げたものだから、進歩礼賛思想の人たちは困っている。「強い日本」「古い日本」というと、天皇崇拝と神風特攻隊くらいしか思い浮かばない人たちである。

◆「風流」だった国語の教科書

しかし今、伝統回帰の議論をしようにも、戦後教育を受けた日本人は、先人たちがどんなふうにわが国を築いてきたのかという、いきいきとした歴史を習っていない。その上、学校に拘束される時間が長くなったので、一般社会についてもあまり知らない。

一般的には歴史を学ぶとは、出来事と年号を覚えるぐらいに思われている。科学的であることや客観性とかを重視するあまり、「われわれ日本人のメンタリティを育《はぐく》んだ歴史」という視点が、まったく教えられていない。

たとえば「学問の神様」、菅原道真《すがわらのみちざね》。その名前ぐらいは誰でも知っているだろう。日本史が得意だった人なら、藤原時平《ふじわらのときひら》との政争に敗れて大宰府《だざいふ》へ左遷された「昌泰《しょうたい》の変」（九〇一年）も覚えているかもしれない。

ところが、道真が文武両道でどんなに強かったかといった人物面のエピソードについては、今やほとんどの人は知らない。そんな歴史は習っていないのだ。

だが学んで面白く、印象に残るのは、歴史上の人物の人となりだったり、それを示す逸話である。「何年に何が起きたか」よりも、「偉人が何を考え、どう行動したか」のほうが、子どもの人格形成にとってよほど大切である。

そこで戦前の教科書に目を移してみよう。実際に載せられていた、菅原道真の項を読んでみたい。

菅原道眞《すがはらのみちざね》

天神様にまつられてゐる菅原道眞といふかたは、生まれつき賢い人でありました。その上、小さい時から、よく勉強しましたので、のちには、すぐれた、りっぱな人になりました。學問では、道眞の上へ出る人はないと思はれてゐました。

ある時、都良香《みやこのよしか》といふ人の家で、弓の會《かい》がありました。若い人たちが、大勢その家に集って、かはるがはる、的をめがけて弓を引いてゐるところへ、道眞も

やって來ました。すると、人々は、

「あの人は學問はできるが、弓はどうだらう。」

「さあ、どうだらうな。」

「だめ、だめ。机の上の勉強ばかりで、腕は線香より細いんだ。」

などと、小さな聲《こえ》で、ささやき合ひました。

　平生から、學問では、とてもかなはない道眞を、今日はひとつ、弓でいぢめてやらうと思ったのでせう、一人の若い男が、つかつかと進み出て、

「どうです。あなたも、弓をおやりになりませんか。」

といひながら、弓と矢を、道眞につきつけました。

おそらく、しりごみするだらうと思はれた道眞は、その弓矢を静かに受け取り、前へ進んで、きっと身がまへました。すると、今まで、やさしさうに見えた道眞が、急にがっしりと二王様《におう》か何かのやうに、強さうに見えだしました。

あたりはしんとして、せき一つするものもありません。

「ひゅう。」と、音高くつるからはなれた矢は、「ぽん。」と、的のまん中の星を、射抜いて立ちました。

道眞は、つづいて、第二の矢を引きしぼりました。

これも、みごとに、ちゃうど第一の矢とすれすれに並んで、まん中を射抜きました。

第三、第四、第五と、道眞は、目にもとまらぬ手早さで、矢をつがへ、矢を放ちました。的をはづれる矢は、一本もありませんでした。

みんなは、ただ、よったやうになって、大きなため息をつくばかりでありました。

〈国民学校国語読本巻二　第十七課〉

これを読んで、みなさんはどうお感じだろうか。

こうした逸話を知らなければ、ただの「菅原道真」という歴史上のキーワードとしてしかとらえていなかった情報が、これを読むことで、実にいきいきとした人物描写とともに、心の中に入ってくる。学問の神様はどれだけ強かったのか、文武両道の素晴らしい日本人がいたことを知ることができる。

当時の子どもたちは、これを小学校二年生で習った。戦前に使われていた教科書は、こうした歴史物語の宝庫だった。

「戦前の教科書」と聞くと、「軍国主義一辺倒なのだろう」という先入観を持つ人は少なくないと思う。しかし、それはまったく違う。

たしかに第二次世界大戦直前の一九四一（昭和十六）年四月、それまでの尋常小学校が国民学校と改組されて以降は、武勇を鼓舞《こぶ》するような表現も増えたが、大正期から昭和十五年まで尋常小学校で使われていた国語の教科書（『尋常小学国語読本』、以下『国語読本』）は、日本の国土や自然、またそれを愛《め》でる心、優しさや協力する心を育む、「風流」と形容するのがもっともふさわしいものだった。

◆「水《すい》師《し》營《えい》」に見る叙情性

昔の日本は軍国主義だと、そこばかりをあげつらうのは占領政策を進めるアメリカ人と、それに迎合した人たちである。本当の日本の心はもっと平和なところにある。春夏秋冬を愛でて、歌でも詠《よ》もうかというのが日本の心だから、軍人であっても風流なのだ。

教科書を開けば、そんな例はいくらでも見つかる。たとえば以下に挙げる「水師營」を読んでみてほしい。

水師營

明治三十八年一月五日午前十一時――この時刻を以《も》つて、わが攻圍軍《こういぐん》司令官乃《の》木《ぎ》大将と、敵の司令官ステッセル将軍とが會見することになつた。

會見所は、旅順《りよじゆん》から北西四キロばかりの地點《ちてん》、水師營の一民屋である。附近の家屋といふ家屋は、両軍の砲彈のために、影も形もなくなつてゐた。この一民屋だけが殘つてゐたのは、日本軍がここを占領してから、直ちに野戰病院として使用し、屋根に大きな赤十字旗をひるがへしてゐたからである。

前日、壁に殘つてゐる彈のあとを、ともかくも新聞紙で張り、會見室に當《あ》てられた部屋には、大きな机を用意し、眞白な布を掛けた。

下見分をした乃木将軍は、陣中にふさはしい會見所の情景にほほ笑んだが、壁に張つてある新聞紙に、ふと目を注いで、

「あの新聞紙を、白くぬつておくやうに。」

といつた。新聞紙は、露軍敗北の記事で滿たされてゐたからである。

さきに一月一日、ステッセル将軍は、わが激しい攻撃に守備しきれなくなつて、つひに旅順開城を申し出て來た。乃木将軍はこの旨を大本營に打電し、翌日、兩軍代表は、旅順開城の談判をすましたのであつた。

その夜、山縣参謀總長《やまがたさんぼうそうちょう》から、次のやうな電報があつた。

「敵将ステッセルより開城の申し出でをなしたるおもむき伏奏《ふくそう》せしところ、陛下には、将官ステッセルが祖國のために盡《つ》くしたる勳功《くんこう》をよみしたまひ、武士の名譽を保持せしむることを望ませらる。右つつしんで傳達《でんたつ》す。」

そこで三日、乃木将軍は、津野田《つのだ》参謀に命じて、この聖旨を傳達することにした。命じられた津野田参謀は、二名の部下をつれて、ステッセル将軍のところへ行つた。

ステッセル将軍は、副官にいひつけて、軍刀と、帽子と、手袋とを持つて來させ、身支度を整へてから不動の姿勢を取つた。津野田参謀が、御沙汰書《ごさたしょ》を讀みあげると、副官は、これをロシヤ語に譯《やく》して傳達した。

ありがたく拝受《はいじゅ》したステッセル将軍は、

「日本の天皇陛下より、このやうなもつたいないおことばをいただき、この上もない光榮であります。どうぞ、乃木大将にお願ひして、陛下に厚く御禮《おんれい》を申しあげてください。」

といつて、うやうやしく擧手の禮をした。乃木将軍が、たむかひしかたきも今日は大君の恵みの露にうるほひにけりとよんだのは、この時である。

四日に、乃木将軍は、ステッセル将軍に、ぶだう酒や、鶏や、白菜などを送りとどけた。長い間籠城《ろうじやう》してゐた将士たちに、このおくり物がどれほど喜ばれたことか。

會見の當日は、霜《しも》が深かつたが、朝からよく晴れてゐた。

十一時十分前に、ステッセル将軍が會見所に着いた。白あし毛の馬に、黒い鞍《くら》を置いて乘つてゐた。その後に、水色の外套《ぐわいたう》を着た将校が四騎續《つづ》いて來た。

土塀《どべい》で圍まれた會見所に入り片すみに生えてゐたなつめの木に、その馬をつないだ。

まもなく、乃木将軍も、數名の幕僚《ばくれう》とともに到着した。

乃木将軍は、黑の上着に白のズボン、胸には、金鵄《きんし》勳章《くんしやう》が掛けられてあつた。静かに手をさしのべると、ステッセル将軍は、その手を堅くにぎつた。思へば、しのぎをけづつて戰ひぬいた兩将軍である。

乃木将軍が、

「祖國のために戰つては來たが、今開城に當つて閣下と會見することは、喜びにたへません。」

とあいさつすると、ステッセル将軍は、

「私も、十一箇月の間旅順を守りましたが、つひに開城することになり、ここに閣下と親しくおあひするのは、まことに喜ばしい次第です。」

と答へた。一應の儀禮がすむと、一同は机を取り圍んで着席した。

ステッセル将軍が、

「私のいちばん感じたことは、日本の軍人が實に勇ましいことです。殊《こと》に工兵隊が自分の任務を果すまでは、決して持ち場を離れないえらさに、すつかり感心しました。」

といふと、乃木将軍は、

「いや、ねばり強いのは、ロシヤ兵です。あれほど守り續けた辛抱《しんばう》強さには、敬服のほかありません。」

といふ。

「しかし、日本軍の二十八サンチの砲彈には、弱りました。」

「あまり旅順の守りが堅いので、あんなものを引つぱり出したのです。」

「さすがの要塞《えうさい》も、あの砲彈にはかなひませんでした。コンドラテンコ少将も、あれで戰死をしたのです。」

コンドラテンコ少将は、ロシヤ兵から父のやうにしたはれてゐた将軍で、その日もロシヤ皇帝の旨を奉じて、部下の将士を集めて激勵《げきれい》してゐたさなかであつた。

「それに、日本軍の砲撃の仕方が初めと終りとでは、ずゐぶん變《かわ》つて來ましたね。變つたといふよりはすはらしい進歩を示しました。たぶん、攻城砲兵司令官が代つたのでせう。」

「いいえ、代つてはゐません。初めから終りまで、同じ司令官でした。」

「同じ人ですか。短期間にあれほど進むとは、實にえらい。さすがは日本人です。」

「わが二十八サンチにも驚かれたでせうが、海の魚雷が、山上から泳いで來るのには、面くらひましたよ。」

うちとけた兩將軍の話が、次から次へと續いた。やがてステッセル將軍は、口調を改めて、

「承りますと、閣下のお子様が二人とも戰死なさつたさうですが、おきのどくでなりません。深くお察しいたします。」

とていねいに悔みをのべた。

「ありがたうございます。長男は南山《なんざん》で、次男は二百三高地で、それぞれ戰死をしました。祖國のために働くことができて、私も滿足ですが、あの子どもたち

も、さぞ喜んで地下に眠つてゐることでせう。」

と、乃木将軍はおだやかに語つた。

「閣下は、最愛のお子様を二人とも失はれて、平氣でいらつしやる。それどころか、かへつて満足してゐられる。閣下は、實にりつぱな方です。私などの遠く及ぶところではありません。」

それからステッセル将軍は、次のやうなことを申し出た。

「私は、馬がすきで、旅順に四頭の馬を飼つてゐます。今日乗つてまゐりました馬も、その中の一頭で、すぐれたアラビヤ馬です。ついては、今日の記念に、閣下にさしあげたいと思ひます。お受けくだされば光榮に存じます。」

乃木将軍は答へた。

「閣下の御厚意を感謝いたします。ただ、軍馬も武器の一つですから、私がすぐいただくわけにはいきません。一應軍で受け取つて、その上、正式の手續きをしてからいただきませう。」

「閣下は、私から物をお受けになるのがおいやなのでせうか。それとも、馬がおきらひなのでせうか。」

「いやいや、決してそんなことはありません。私も、馬は大すきです。さきに日《にっ》清《しん》戰爭の時、乘つてゐた馬が彈でたふれ、大變かはいさうに思つたことがあります。今度も、やはり愛馬が彈で戰死しました。閣下から馬をいただけば、いつまでも愛養いたしたいと思ひます。」

「あ、さうですか。よくわかりました。」

「ときに、ロシヤ軍の戦死者の墓は、あちこちに散在してゐるやうですが、あれはなるべく一箇所に集めて墓標を立て、わかることなら、将士の氏名や、生まれ故郷も書いておきたいと思ひますが、それについて何かご希望はありませんか。」

「戦死者のことまで、深いお情をいただきまして、お禮のことばもありません。ただ、先ほども申しましたがコンドラテンコ少将の墓は、どうか保存していただきたいと思ひます。」

「承知しました。」

やがて用意された晝食《ちゆうしよく》が運ばれた。戦陣料理のとぼしいものではあつたが、みんなの談笑で食事はにぎはつた。

食後、會見室から中庭へ出て、記念の寫眞《しやしん》を取つた。

別れようとした時、ステッセル将軍は愛馬にまたがり、はや足をさせたりかけ足をさせたりして見せたが、中庭がせまいので、思ふやうには行かなかつた。

やがて、兩将軍は、堅く手をにぎつて、なごりを惜しみながら別れを告げた。

〈国民学校国語読本巻六　第十二課〉

実はこれは、尋常小学校が戦時下の国民学校になってからの教科書である。虚《きよ》心坦懐《しんたんかい》に読んでみれば、およそ戦意高揚とか、好戦的とは言えないことがわかるだろう。これを小学三年生の子どもたちが学んだのだった。

なお、この『国語読本』は全十二巻からなっている。この十二巻を義務教育である小学校の六年間で学ぶ仕組みになっていた。つまり一年間で二冊ずつ読み進めていったのだ。

◆「尋常小学校教科書」の時代背景

世界の国々が一体であるようにとらえて活動するのか、それともそれぞれの国が独自の道を歩むのか、グローバリズムとローカリズムの相克《そうこく》は、最近はもっぱら経済問題として取り上げられているが、この難題が一斉に世界中に突きつけられたのは、今から一〇〇年前の二十世紀初頭だった。

第一次世界大戦へとつながっていく歴史をごく端的に述べれば、それは「帝国支配の破産」だった。イギリス、ロシア帝国、オーストリア＝ハンガリー帝国、オスマン帝国など、十九世紀までの帝国が、弱体化したり消滅したりするプロセスである。

古くはローマ帝国も破産して、世界史の歯車は中世へと動いていったが、君主制による帝国には、大きなメリットがある。一人の王様が広い範囲を統一しているので、戦争が起きないのである。つまり、帝国ができあがるとしばらくは平和が続く。ところが、平和は長くは続かない。やがて内部分裂闘争になり、分裂した勢力の間で複雑な同盟・対立関係ができあがる。そして何かきっかけがあると戦火が上がるのだ。

一九一四年、オーストリア＝ハンガリー帝国の皇位継承者、フランツ・フェルディナント大公夫妻が銃撃されたサラエボ事件がきっかけになって、第一次世界大戦が勃発した。オーストリア゠ハンガリー帝国、ドイツを中心とする同盟国と、イギリス、フランス、ロシアを中心とする連合国というヨーロッパを二分する戦いに、日本、アメリカ、イギリス連邦のインド、オーストラリア、カナダといった国々、さらには南米諸国も連合国として加わり、史上初の世界大戦になった。

第一次世界大戦は、飛行機、戦車、潜水艦、毒ガスといった近代兵器が登場し、ライフル銃や機関銃によって死傷者の数が飛躍的に増加した戦争だった。国力のすべてを戦争につぎ込む総力戦となった結果、死者は全世界で二五〇〇万人ともいわれ、その半数以上が一般市民などの非戦闘員だったという、悲惨な戦いになった。

一九一八年に戦争が終わったとき、戦場となったヨーロッパは疲弊しきって、もう戦争はこりごりだと思った。好戦的な人はみんな死んでしまったのかもしれない。ともあれこうして世界的に平和を望む気運が高まり、国際的な平和維持機構が必要だということになって、国際連盟が一九一九年に設立され、翌二〇年に発足した。

第一次世界大戦が終わった一九一八年は、日本の元号では大正七年である。「ハナハトマメ」で始まる尋常小学校の国語の教科書（『国語読本』）が使用されるようになったのが、この年からだった。今、この教科書は、民主主義や自由主義が進展した大正デモクラシーを反映しているとも言われ、評価されている。

日本の教科書が先取りした形だったが、大戦が終結した大正の半ば以降、世界は平和に向かう。一極集中を指向する帝国支配から、国際協調、多極分散、ローカリズムへと流れが変わった。「もう戦争は二度とない」と、世界が期待した時期だった。

◆題材が幅広くバランスのよい教科書

一九三〇（昭和五）年十二月生まれの私は、一九三七（昭和十二）年四月に尋常小学校に入った。

先にも述べたが当時の義務教育は尋常小学校の六年間のみである。満六歳になると入学し、十四歳までに終えることになっていた。通常は十二歳で修了するが、修了できない場合は年齢制限である十四歳まで義務教育とされていた。

この間に、日本国民としての基本的な常識や知識、素養を身につけるのだ。当時の教科書は国定教科書だから、日本中みんな一緒だった。そう聞くと、いかにも画一的のように感じるかもしれない。だがそれは現代の視点であって、その時代の教科書はすべての小学生を同じ色に染め上げるようなものでは決してなかった。私は北海道の小学校に入ったが、そこでは北海道だけの教科書が副読本としてついていた。

教科書に取り上げられた題材は、実にバランスよく混ざっていた。

たとえば自分の小学校の校庭にある銅像で知っている二宮金次郎《にのみやきんじろう》が出てきたかと思えば、日本三景や東京停車場、日本の高山といった地理も題材になる。偉人伝もあれば、虹や霜といった気象の話や、さまざまな動植物や生態系の解説もある。ベートーベンの「月光の曲」も紹介される。外国の文化も載っていれば、外国人を主人公にした寓話《ぐうわ》まで登場するのだ。

本書は、実際に教科書に掲載されていた文章をできるだけ多く紹介していきたいと思うが、まずは一編を載せておこう。五年生の国語である。

アレクサンドル大王と醫師《いし》フィリップ

昔ヨーロッパにアレクサンドル大王といふ王があつた。マケドニヤといふ小さな國の王子と生れ、二十一で位につき、わづか十數年の間に四方の國々を征服して、當時世界に類のない大國を建設した英雄である。

其《そ》の大王が東方諸國の遠征に出かけた時の事である。或日《あるひ》王は部下の精兵を引連れ、燒けつくやうに熱い平原を横ぎつて、タルススといふ町に着いた。全身砂ぼこりにまみれた王は、町はづれを流れてゐるきれいな川にはいつて水浴をした。水は意外に冷たくて、まるで氷のやうであつた。

此《こ》の水浴が體《からだ》にさはつたものか、王は俄《にわか》にはげしい熱病にかゝつた。陣頭に立つては百萬の敵を物とも思はぬ英雄も、病氣は如何《いかん》ともすることが出來ない。ようだいは時々刻々に惡くなつて行く。醫師は皆、投藥してもし萬一の事があれば、毒殺のうたがひを受けはしないかと恐れて、たゞ經過を見守つてゐるばかりである。

此の有様を見て、フィリップといふ醫師が、一命をなげうつても王を助けようと決心した。方法は或劇《げき》藥を用ひる外になかつたので、フィリップは眞心こめて此の事を申し出た。王はこゝろよく之を許した。

フィリップが藥を調合しに別室へ退いた後へ、王の日頃信頼してゐるパルメニオ將軍から、王にあてた密書が届いた。それにはフィリップが敵から大金をもらふ約束で王を毒殺しようとしてゐるといふ風説があるから、用心するやうにと書いてあつた。王は讀終つて、そつと手紙をまくらの下へ入れた。

程なくフィリップは病室にはいつて來て、うや〳〵しく藥のコップを王にさゝげた。王は片手にそれを受取り、片手にかの密書を取出して、靜かにフィリップに渡した。

一口又一口、平然と藥を飲む王、一行又一行、おそれと興奮に眼かゞやくフィリップ。

やがて讀終つたフィリップが、眞青な顔をして王を見上げると、王は信頼の情を面にあらはして、フィリップを見下してゐた。

王は間もなく健康を回復して、再び其の英姿を陣頭にあらはす事が出來た。

〈国語読本巻十　第二課〉


これは日本から遠く隔《へだた》った外国の英雄譚《たん》だ。しかも紀元前四世紀というはるか昔の逸話である。このような世界史上の偉人が小学校の教科書に登場していた。取り上げた題材の幅広さとバランスに、教科書を作った人々の教養の深さがしのばれる。

教科書には実に多種多様な題材が入っていた。だからこの教科書で学び、できあがった日本人はパッチワークのようなものだ。だがよくしたもので、子どもは覚えることができるところだけ覚えたし、わからないところは結局わからないのだった。それぞれが興味を持った分野、得意の分野を見つけて進む一助になっていたのではないかと思う。

◆戦前の学校制度は〝複線、複々線〟式

尋常小学校の『国語読本』を見ていると「興味のある道を見つけて進みなさい、君たちはどれをやってもいいいんだよ」と言わんとしているかのような、鷹揚《おうよう》さを感じる。教科書の勉強は楽しみながらほどほどにやって、それぞれの道に進めばいい、人にはいろいろな生き方があるという前提でできている。

その意味で、今と比べて昔の日本のほうが自由が多かったようにも思う。こう言うと「冗談じゃない」と反論する人もいるが、今のように知能指数と偏差値で進路が決められてしまうほうが、私は可哀想だと思う。

現代の日本では、義務教育課程の中学校を終えると、九七％以上が高等学校へ進学するが、偏差値によって進むべき高校や学科までもが決められてしまう。進路のレールが単線なので、ここで序列が決まってしまうのだ。現実として、職業科や総合科などは一段低く見られているから、本当は大学に行ってまで勉強したくないと思っているのに、普通科に行き、目的もなく大学に入るようなケースが増えてしまう。

学校を終えて社会に出れば働くことになるのが当然だが、現行の制度では、学校が実社会とつながっていない印象が強い。

対して戦前の学校制度は、変遷はあったものの基本的に複線、複々線式だった。大正から昭和の大東亜戦争前までは、尋常小学校（小学校尋常科）での義務教育を終えたあとの進路として、高等小学校（小学校高等科）や実業学校、各種学校、中等学校、七年制高等学校（高等学校高等科・尋常科）、高等女学校、実践女学校などへの道がある。その後の進路は学校と修業年限によって変わるが、師範学校、女子師範学校、専門学校、大学予科、高等学校などに分かれていく。

どの段階で社会に出るか、みんな考えながら進学していた。さらに勉強を続けるなら帝国大学や、文理大学、商科大学、医科大学などへと進んだのだ。社会に出るまでの選択肢が、実に多い。目的地（社会）までの線路がたくさん並行して敷設されていた。

全国統一模擬試験でどこの大学に合格するかがほぼ決してしまう現代と比べると、戦前は職業観や社会観を育てつつ進路を決めていくことができた。昔の学校制度には、やり直しや路線変更を許す寛大さがあったように思う。

◆風流で程度の高かった日本兵

アメリカ出身で日本文学の研究者として著名なドナルド・キーン氏は、第二次世界大戦のとき、アメリカ海軍の情報将校として日本語の通訳官を務めていた。戦場に残された日本兵の日記や手紙などを読んで、レポートとして提出することも任務だった。

後年、キーン氏はそのときのことを「日本人は皆、詩人だった。洗練された兵隊ばかりだった」と書いている。兵隊一人ひとりが風流な人たちだったと感動している。

戦死した日本兵のポケットにあった日記には「○月○日、晴れ。今日もまた蒼《そう》穹《きゆう》の下うんぬん」と、まずは天候から始まって、日々の情景が描写されている。南洋の島にヤシの木が生え、お月様がかかっている。スケッチもある。兵隊は作業をしたり寝転んだりしながら、周りの自然や目に映った一コマを文章や絵にして書きとめたのだ。俳句や短歌も詠んだ。少なからぬ兵隊がこうした記録を書き付けていた。

私は、アメリカの海軍兵学校にある海軍士官学校博物館でその実物を見た。ちょうど海兵隊記念展が催されていた。海兵隊が勇猛果敢に戦い、強行上陸などを行なうようになったのは第二次世界大戦からで、その相手は日本だった。

博物館には、激戦で使用された武器弾薬がまず陳列されていたが、日本兵のポケットから出てきた手帳も開いて置いてあった。ドナルド・キーン氏が書いていたのはこれだったのかと思ってみると、なるほどみんな詩人で絵描きなのだ。この手帳の持ち主は戦死したのか、捕虜になったのかと、私は感無量の面持ちで見入った。

歌を詠むなどは、ヨーロッパやアメリカではものすごく高級な趣味としてとらえられている。だからキーン氏は「戦争をしている日本の兵隊はみんな詩人だった」と、驚いたのだ。

◆リンドバーグによる告発

大西洋単独無着陸飛行で有名になったチャールズ・リンドバーグは、陸軍航空隊のアドバイザーとしてガダルカナル方面の戦場に行き、ロッキードP‐38という双胴の双発戦闘機による長距離偵察飛行を献案した。

そのときに見聞したことを、彼は戦後、本に著し、その中ではアメリカ軍やオーストラリア軍による残虐行為を赤裸々に記している。

リンドバーグの記述によると、アメリカ軍は、投降しようとしている日本兵や捕虜にした兵士を射殺することに、まったくためらいがない。捕虜として捕えるとその場に並ばせて、英語の話せる者だけ尋問のために連行し、あとは射殺したということだ。

二〇〇〇人ほどの捕虜のうち、本部に引きたてられたのはわずか一〇〇人か二〇〇人だったというくだりもある。暗黙裏ながら「捕虜をできるだけ取らない」ことを当然としていたのだ。捕虜を減らすために、移送中の輸送機から突き落としたという事例も出てくる。

当時、日本兵はアメリカ軍にとって、サルみたいな汚《けが》らわしい連中という動物同然の扱いだったのだ。事実、そういう宣伝をしている。戦場へ向かうアメリカ兵には、「日本人はサルだ、人間ではない。サルで、出っ歯で、侵略精神を持っている」といった映画を見せて送り出したのである。

そんな兵隊たちだから、日本兵の死体を見つけると、棒で口をこじ開けて金歯を抜き取ることが横行し、金歯を蓄える小袋を持っている海兵隊員もいたという。耳や鼻を切り取り、乾燥させてスーベニア(土産物)として持ち帰る者もいたと書かれている。

リンドバーグは有名になったあと、愛児を誘拐されて殺害されていることもあって、こうした残虐行為には人一倍心を痛めたのだと思う。「アメリカ人はひどいものだ。同胞として恥ずかしい」とも書いている。

リンドバーグの嘆きは、ドナルド・キーン氏が「日本人は皆、詩人で文化人だった。芸術家だった」と驚いているのと同根である。

この違いは小学校教育に発している。日本のほうが外国に比べて教育程度がまったく高い。当時は小学校で義務教育は修了だが、この教育課程の段階の日本人は世界最高レベルの教育水準だったと思う。その証拠が教科書だ。尋常小学校の教科書を見れば、その程度の高さがわかる。

しかし、日本人が文化人、風流人になったのは学校で教えたからではない。もともと自然の移ろいに敏感で、花鳥風月《かちょうふうげつ》を愛《め》でる心根があった。その上でこの教科書で勉強したから一層、風雅な心を持つにいたったのだ。だから日本人は捕虜の虐待などしない。

私がそう述べると違和感を覚える人もいるだろうが、これは戦後、ＧＨＱが連合国の不利になるような情報は統制して報道させず、一方で「日本軍は残虐、日本は悪い国」というイメージを植え付けたからである。例外はあったにせよ、平均的にアメリカ人は有色人種に対しては野蛮で残虐だったし、日本人は生きとし生けるものすべてに対して優しかった。

◆戦地でも軍歌より唱歌

たとえば、出征した日本兵たちが中国大陸を歩いて進軍している場面を想像してほしい。見渡す限りの菜の花畑が続いている場面に遭遇する。すると「隊長、思い出しますね」という声が上がる。隊長も同じように故郷を懐かしむ気持ちになっている。

菜の花畠に 入り日薄れ、見わたす山の端《は》 霞《かすみ》ふかしと、小学唱歌にある『朧月夜《おぼろづきよ》』の一節が誰の脳裏にも浮かんでいる。日本中、農村風景はだいたいよく似ている。とくに中部地方から南にかけては、雨がよく降るから水田を中心に畑や雑木林がある風景が南中国とそっくりなのだ。

唱歌もまた日本人の共通基盤をつくっていた。

実は菜の花畑や竹藪は中国から伝わったもので、日本全国に広まるのは江戸時代以降である。だから、古来からある日本固有の風景というわけではないけれども、すでに戦前には日本の原風景のように思われていた。唱歌を通じて共通の認識が育っていた。

戦地でも、みんなが歌った。勇ましい軍歌もあるが、夜は更《ふ》けてたいして食糧もない、話も尽きた、というときに、誰かが持っていたハーモニカで『故郷《ふるさと》』『朧月夜』『春の小川』などの唱歌を吹くと、みんなしんみり聞いた。このように強い国家の強い軍隊は、豊かな情感を持っていた。

「理」ではなく、「情」である。日本人の共通基盤がここでできあがってくるのだ。

朧月夜

作詞　高野辰之
作曲　岡野貞一

菜の花畠に　入り日薄れ
見わたす山の端　霞ふかし
春風そよふく　空を見れば
夕月かかりて　におい淡し

里《さと》わの火影《ほかげ》も　森の色も
田中の小路を　たどる人も
蛙のなくねも　かねの音も
さながら霞める　朧月夜

それに比べるとフランス、イギリス、アメリカなどの国歌は、「敵の汚れた血を、我らの畑に飲み込ませる（フランス）」「敵を蹴散《けち》らし、打ち破る（イギリス）」「砲弾が炸裂する（アメリカ）」といった戦いの歌である。野蛮としか言いようがない。

日本の軍隊はそんなに勇ましくはない。けれども、なすべきことはよくわかっていた。「わかりました。命を投げ出さなくてはいけないときは投げ出します。隊長、興奮して怒鳴らなくてもやりますから」と、語ることなく思い定めているくらい程度が高かった。

◆国語はすべての勉強の中心

話を教科書に戻そう。

大正八年～昭和十五年の間、尋常小学校のカリキュラムで、多くの時間が割《さ》かれていたのが国語だった。一年生は週二一時間の授業のうち一〇時間、二年生は二三時間のうち一二時間が国語である。授業の実に半分は国語を学んでいたのだ。

三、四年生も一二時間、五、六年生は少し減って九時間と、学年が進むと週あたりの時間数が増えることもあって、全体の比率は三〜四割へと下がるが、それでも国語の時間数はどの科目よりも多い。つまりはそれだけ、国語を重視していたということだ。

今も昔も、国語はすべての勉強の中心だ。算術（算数のこと）も歴史も理科も、どの教科も日本語で習うわけだから、国語力なしには勉強が進まない。漢字を読むことができなかったり、文章の理解が間違っていたのでは困る。概して国語の成績のいい子どもは、他の教科も平均点以上であることが多いものだ。

しかし、国語が大切だとしていたのは、テストでいい成績を取るためといったような、そんな単純な理由からではない。そこにはもっと本質的な理由がある。

われわれは言葉を通じて他人の考えを理解し、自分の意見を伝える。自分と他人を区別しているのも言葉による。母国語である日本語は、コミュニケーションの大切な手段である。すなわち「どうして自分はそう考えたのか」を表明する方法、記述する体系を学ぶのが国語なのである。

数式もその表現方法のひとつで、数学的な内容を簡潔に表わすのに便利というだけである。頭脳の働きは、言葉になって表わされるので、その言葉を覚え使うことで人間は賢くなっていく。ベースとなる国語力があれば、あとはそれを応用するだけである。

私の息子は中学生のころ「国語がいちばん大切だと思う。数学だって数式を使って考えたことを書くのだから、数学だって言葉だ」と言っていた。親馬鹿だと笑われそうだが、「なかなかわかっているな」と思って嬉しかった。

昔の小学校では、なにも難しい表現や言い回しを覚えたわけではない。社会に出て、職人の親方や会社の先輩から用事を言い付かったり、こちらからわからないことを質問したりという、当たり前の会話ができるようになるために、情緒豊かな美しい日本語で書かれた教科書を通じて、さまざまな常識を国語として学んだのである。

昔の教科書には、そのものずばり「國語《こくご》の力」という項目がある。

國語の力

ねんねんころりよ、おころりよ、
ばうやはよい子だ、ねんねしな。
だれでも、幼い時、母や祖母にだかれて、かうした歌を聞きながら、快い夢路にはいつたことを思ひ出すであらう。このやさしい歌に歌はれてゐることばこそ、わがなつかしい國語である。

君が代は千代に八千代にさざれ石のいはほとなりてこけのむすまで

この國歌を奉唱する時、われわれ日本人は、思はず襟《えり》を正して、榮えますわが皇室の萬歳を心から祈り奉る。この國歌に歌はれてゐることばも、またわが尊い國語にほかならない。

われわれが、毎日話したり、聞いたり、讀んだり、書いたりすることばが國語である。われわれは、一日たりとも、國語の力をかりずに生活する日はない。われわれは、國語によつて話したり、考へたり、物事を學んだりして、日本人となるのである。國語こそは、まことにわれわれを育て、われわれを教へてくれる大恩人なのである。

このやうに大切な國語であるのに、ともすれば國語の恩をわきまへず、中には國語といふことさへも考へない人がある。しかし、ひとたび外國の地を踏んで、ことばの通じないところへ行くと、だれでも國語のありがたさをしみじみと感じる。かういふところで、たまたまなつかしい日本語を聞くと、まるで地獄《ぢごく》で佛《ほとけ》にあつた心地《ここち》がし、愛國の心が泉のやうに湧き起るのを感じるのである。

わが國は、神代このかた萬世一系の天皇をいただき、世界にたぐひなき國體を成して、今日に進んで來たのであるが、わが國語もまた、國初以來繼續《けいぞく》して現在に及んでゐる。だから、わが國語には、祖先以來の感情・精神がとけ込んでをり、さうして、それがまた今日のわれわれを結びつけて、國民として一身一體のやうにならしめてゐるのである。もし國語の力によらなかつたら、われわれの心は、どんなにばらばらになることであらう。してみると、一旦緩急ある時、國を擧げて國難に赴くのも、皇國のよろこびに、國を擧げて萬歳を唱へるのも、一つには國語の力があづかつてゐるといはなければならない。

國語は、かういふやうに、國家・國民と離すことのできないものである。國語を忘れた國民は、國民ではないとさへいはれてゐる。

國語を尊べ。國語を愛せよ。國語こそは、國民の魂の宿るところである。

〈国民学校国語読本　第二十課〉

昔話やおとぎ話から、英雄譚、旅行ガイドのような説明文まで題材として取り上げられているのは、言葉を学びながら、書かれている内容を常識として身につけるためでもある。

国語の教科書なのに、さまざまな教科にも関連する内容が盛り込んであって、子どもたちが興味深く学べて、基礎的な素養が身につくように作られていた。真面目にこの教科書を勉強すれば、立派な日本人になれる——そんな教科書だったのだ。

◆差別された有色人種

一九一九（大正八）年、第一次世界大戦後の国際体制を決めるパリ講和会議で、日本は人種差別撤廃を提案している。当時の世界では有色人種の誇りを取り戻そうという趨勢《すうせい》があり、日本はアジアの独立国として、多くの国の支持を得ることができた。しかし、アメリカ、イギリス、オーストラリアなどの反対によってその案は否決された。

しかしその会議で日本は国際連盟の常任理事国となり、旧ドイツ帝国領であった南洋諸島（現在のサイパン、パラオ、マーシャル諸島など）が、日本の委任統治領になった。

やや余談になるが、国際連盟の初代事務次長に就いたのは、五千円札の肖像になっている新渡戸稲造《にとべいなぞう》である。彼が英語で著した『武士道』は、日本人の生き方や考え方を紹介する日本文化の解説書として広く読まれ、世界的な知名度があった。彼はキリスト教信者で、アメリカの大学へ留学し、奥さんもアメリカ人という国際人だった。

それでも当時欧米では、日本人や東洋人はそれだけで差別される時代だった。だが彼は、そんなことは百も承知でスイスのジュネーブに住み、国際連盟の仕事に邁進《まいしん》している。

「第一次世界大戦では二五〇〇万人の人が死んだ。それを忘れてはいけない。各国がそれぞれ人種差別に向かったのでは世界は悪くなるばかりだ。人種平等を目指してナショナリズムは抑えよう」と、奮闘したのである。その姿勢が世界から支持された時代だった。

日本は第一次世界大戦においては連合国側で戦い、ドイツの統治下にあったサイパン島やトラック島などの南洋諸島を占領していたから、戦後、やろうと思えばそれらの島を植民地とすることもできた。

しかし、このとき新渡戸稲造は「それでは日本の名がすたる」と考え、委任統治という制度を発明している。つまり、このまま占領地を日本のものにしたのでは、我々が戦ったのは領土欲しさの戦争だったということになってしまう。だから「これらの南洋諸島は戦勝国全員のもので、一応、日本が委任を受けて預かる」という仕組みを作ったのである。

南洋諸島が委任統治領になると、日本政府は南洋庁を設置して、開発や産業振興とともに、公衆衛生や教育政策を推進した。それまでの統治国ドイツは、サイパン島を流刑地にしていたほどで、現地の住民への教育も開発もまったく行なわなかったから、日本が行なった政策はまるで逆だった。

◆新渡戸稲造や柳田國男《やなぎたくにお》の目指したものとは

このとき新渡戸稲造は、一高時代の学友で後に民俗学者として高名になる柳田國男を国際連盟の委任統治委員に就けている。

柳田は農林省の高級官僚として、駆け足で出世した人物だったが、役人の中では風変わりな存在で、「農村にこそ日本人の真実があるのだから、遅れていると決めつけてはいけない。開発するにもまず研究が必要だ」という考えの持ち主だった。四〇代で貴族院書記官長を最後に官を辞して、民話など民俗資料の収集をして全国をまわっていた。

日本は欧米流の植民地支配はしない——これが柳田國男の考えだった。そのため南洋諸島では、それぞれの島にはどんな秩序があって、島民はどんな生活をしているのかまでを調べている。島の資源は一定だから、勝手に木を切ったりしていると全員が滅びてしまう。そのため非常に見事なサステナブル（持続可能な）システムがあることや、戦争になるときは、近くの島ではなく、少し遠い島との争いになる、といった柳田國男の報告書が残っている。南洋諸島の統治はこうしたレポートを元に、行なわれた。

島々に今も残っている言葉に「運動会」がある。戦後、日本を訪れたトラック島の老人は、「日本人はわれわれに〝運動会〟を教えてくれた。あんなに面白いことは初めてだった」と感激の面持ちだった。

あるとき「この日、この場所に集まれ」と集合をかけて運動会を開催したのだという。その日になると、大勢の住民が、丸太の船に帆をかけてトラック島に集まって、かけっこなどの競技をした。大小の島々に散らばっている住民たちも、こうしたことからひとつにまとまっていったのである。

搾取《さくしゅ》はしない。保護もしない。自立せしめる。日本は各種の産業を教えて製品を買い上げた。それが柳田國男や新渡戸稲造の目指した統治だった。これは日本が武士道国家であることからくるものだろう。

武士は、源流をたどれば地方のゲリラである。貴族が所有していた領地を奪って、自らの領地とした。その自主独立の精神が、仏教や儒教と溶けあい、義・勇・仁・礼・誠を尊び名誉を重んじる武士道となった。

その精神により、現地の人は矜持《きようじ》を持って自立せよというのが日本の南洋統治だった。

南洋諸国の自立による統治を目指した二人

新渡戸稲造（写真左）は、アメリカにおけるキリスト教に対応する日本の精神文化は、武士道であると説いた。柳田國男（写真右）は 1921 年から 1923 年まで国際連盟委任統治委員を務める。かつて学友であった二人は、ともに南洋の委任統治に携わった。（写真左／朝日新聞社　右／PANA）

◆争わない日本人の格調高い教科書

江戸時代末期、列強から野蛮国だと見なされて不平等条約を結ばされた日本は、必死になって富国強兵に励み、やっとの思いで日露戦争に勝ち、条約改正にこぎつけた。第一次世界大戦では、連合国として戦って勝ち、イギリス、フランス、アメリカ、イタリアとともに五大国のひとつに数えられるまでになった。

世界に一目置かれつつも、しかしそれで日本人への差別が消えたわけではない。黄禍論《こうかろん》が公然と語られて、蔑《さげす》みや排斥する動きは強まりこそすれ、なくなりはしなかった。世界の中で日本と日本人はどう生きていくのか、それは大正時代の一大テーマだった。

西欧世界は、日本を有色人種の国だからと頭からバカにしたが、その人種差別に対して、日本は正面からケンカをしていない。反論しないし、賛成もしない。そして「世界の人々や国々がケンカをしないで生きていくためには、これが答えではありませんか」と示した回答が日本の尋常小学校の教科書だった。

それを私は如実《にょじつ》に感じる。というのも、私も西欧人による差別の真っ只中を生きてきたからだ。戦後生まれの人と大きく違うのはその点だと思う。明治維新のあと、日本人はずっと人種差別と闘う痛みと、それを超越する気高さとの中で生きてきたことが、実感としてわかるのだ。

大正時代の教科書は、明治維新以来、西欧を手本にして必死に走ってきた日本が、一段落して、日本らしい落ち着きを持って世界を見ている。同じように自国も見ている。そんな姿勢が垣間見える。

日本の教科書には人種差別についての記述がどこにもない。日本人が差別されているとも書いていないし、外国を差別するようなことも書いていない。西欧人に差別をされている真っ最中だが、そんなことはみじんも感じさせない、格調高い教科書である。

二十一世紀の今、日本人は「黄色くても、白くてもいいじゃないか」という境地に立っている。経済は停滞しているとはいえ、日本は世界に冠たる金持ち国だ。階級差もほとんどない。ヨーロッパで爵位を持っている人には、「ほーっ」

と感心するけれども、それだけだ。

キリスト教もイスラム教も、なぜそこまでいがみ合うのかと思うが、「すべてをひっくるめてたいした違いはない。みんな一緒じゃないか」という、昔からの日本人の感覚が続いている。

これは仏教の受容にまで遡《さかのぼ》ることができるだろう。仏教は、やたらと精緻《せいち》に分類された哲学思想で、たとえば四諦《したい》という教えでは「人生は苦であること」「苦には原因があること」「執着を断ち切ると苦は消滅する」「苦を滅するには八つの正しい道（八正道《はっしょうどう》）がある」と説く。その上で「八つの正しい道」を解き明かしていく。

もっと哲学的なところでは、人間の意識を三つの領域に分けて、最も浅いところにある「前六識《ぜんろくしき》」には視覚・聴覚・嗅覚・味覚・触覚・意識の六種がある。一段深いところが「末那識《まなしき》」で「前六識」を統括し、最深部の「阿頼耶識《あらやしき》」が、すべての根源にあるという。これはもう分類マニアのようにも思える。

そのように仏陀《ぶつだ》とその弟子たちが生涯をかけて哲学的に分類したことも、日本へ来ると、全部一如《いちによ》にしてしまう。「生も死も一つの如《ごと》し」となる。男女も一如、動物・植物も一如、神仏も一如、剣禅も一如でみんな一如にしてしまうのが日本人らしい。生命のあるものもないものもすべてに仏性があるという山川草木悉皆《さんせんそうもくしつかい》成仏《じょうぶつ》の思想が、すとんと腑《ふ》に落ちてしまう。

そうしたほうが、争いがない——こう考えるのが日本人の本質だと思う。

◆差別の存在を認識しながら越えていく

産経新聞社が主宰する「日台文化交流青少年スカラシップ」では、中学生から大学生の若者に、作文と書を募集して優秀者を台湾研修旅行に送り出している。私が審査委員長を務めているこの催しで、今年（二〇一三年）は山口県の高校一年生・好中奈々子《よしなかななこ》さんの作文を大賞に選出した。まず、以下をお読みいただきたい。

昨年、徳山動物園のゾウのマリが死んだ。動物園に行くと「首の長いのがキリンさん、ぞうさんはお鼻が長いね」というのが亡くなった祖父の決まり文句だった。マリのニュースは、祖父との思い出もなくなるようで悲しかった。動物園にはマリの詩碑がある。詩の作者は、童謡「ぞうさん」で有名な詩人〝まどみちお〟だ。

私が台湾研修旅行でやってみたいこと、それは、「ぞうさん」を台湾日本語世代の方々と一緒に歌うこと。同世代の人たちとは、美智子皇后によって英訳された「LITTLE ELEPHANT」を共に朗読すること。なぜなら、まどみちおは、私の地元山口で生まれ、台湾で育ち、台湾で詩人としての第一歩をスタートした、日台双方にゆかりのある詩人だからだ。

みちおは、幼少期を祖父と二人で暮らしている。祖父の死を機に、両親のいる台湾に渡るが、家族との間にわだかまりを感じた。この孤独感が作詩の原点になっているといわれる。みちおは明るく青い台湾の空と美しい緑を見つめながら、その胸の寂しさを詩に換えていったのだろう。当時一家が住んでいた台北市龍山寺付近には、賑やかな日本人住宅の側に台湾人のスラム街があった。台湾淡江大学の客員教授であった金子保氏は、「ぞうさん」は植民地時代に差別された台湾人ではなかったのかと推測する。だが、私は、「鼻の長いぞうさん」は、彼自身でもあったように思う。日本で祖父に先立たれ、一人台湾に渡った日本人。彼も周囲と相容れない違和な存在であったろう。

台湾出身の孟寧《もうねい》さんは、父の友人の奥様で来日二年目だ。私が孟寧さんに日本の印象について質問すると、「日本人は細かいところまで仕事ができる。仕事のルールを社員が守るので、仕事・商品・サービスの質が良い」と教えてくださった。一方、「日本人は台湾人に比べてオープンマインドではない。だから台湾では親しくなるのに三週間、日本では三年かかる。特に外国人に対して排他的な感じを受ける。気のあった同質者でグループをつくり、異質なものは仲間に入れない。台湾人は自分の考えや嗜好をもっていて、周りの人も考えや嗜好の違いに敬意を払い受け容れる」とおっしゃった。とりわけ「東京は、街は国際的だが人間は国際的ではない」という言葉が胸を突いた。

みちおの「目の色が違うから、肌の色が違うから、すばらしい。違うから、仲良くしようというんです」という思いは、違和の存在であるみちおを受け容れた台湾、孟寧さんの故郷、台湾の風土の中で生まれたに違いない。だから、ぞうは嬉しそうに「母さんも長いのよ」と答えるのだ。「自分の一番好きなお母さんと一緒」であることに喜びを感じ、他と違う自分の長い鼻に自信と誇りを持っている。長い鼻は、むしろぞうであることの尊厳の象徴なのだ。

同じ地球に住む私たち人間は、顔も肌の色も考え方も習慣も文化も皆それぞれ違っている。もし同じだったら、なんともつまらない世界だったろう。違うからこそそれぞれに価値があり、お互いに補い合うこともできる。そこに進歩も発展もあるのだ。

昔日本は、半世紀もの間、台湾を植民地として支配下に置いた。土地を奪うだけでなく、文化や命まで奪い取ろうとしたのだから、日本人をよく思っていない人も多いだろう。しかし、台湾には親日家も多いと聞いている。それは台湾統治という国家の目的があったにせよ、心血を注いで台湾の発展に尽くした義人のような日本人たちのおかげである。

今日、世界でも有数の民主主義国として発展した台湾だが、台湾問題において国連や日本も国家として認めていない。この背景にあるのは、国と国との経済や安全保障の力関係であり、中国や米国との摩擦を懸念するからであろう。国家の信頼関係が、国益の問題の上に成り立つ利害関係であってはならない。

国が人を創るのではなく、人が国を創るのだ。だからこそ、先人が示してくれたように互いを認め合う文化の交流が必要なのだ。過去の事実は変えられないが、今の私たちの生き方がこれからの日台関係を築く。日本は古くからの友人として台湾が民主的な独立国家として国際社会の一員となれるよう支援していかなければならないと私は考える。

三千年の時を超え、孔子は「朋《とも》遠方より来たる。亦《また》楽しからずや」と語る。私は海を越えて、自分とは違う文化を持つこの世界を共に生きる友だちに会ってみたい。みちおと交流のあった台湾の詩人詹冰《せんひょう》の作品についてもっと知りたい。みちおの育った、孟寧さんの故郷、台湾を今度は私の目で見たい。

そして私は誓う。真の国際人になるために学び続けることを。

私がこの作文を推した理由は、かつての日本統治下にあった台湾での差別に目をそらさないで、乗り越えようと決意している点である。

その上で「ゾウは鼻が長いのが自慢だ。大好きなお母さんも長いのだから」というところから、差別された側にも、伝統や歴史と誇りがあるという点を指摘していることに、私はいたく感心した。

この作文募集で今まで多かったのは、植民地統治をした日本人側に差別があったことには触れずに「新しい日台関係を創りましょう」という、ありきたりの主張だったのだが、この年初めて、「差別された側にも、伝統や歴史には誇りがある。それは自慢でもある。それを日本人のほうから、勝手にいろいろ考えてはいけない、かえって失礼だ」という論が出てきた。これは画期的なことだと思って私は審査委員特別賞に推したのだが、その必要もなく最高点で、大賞に輝くことになった。

差別に目を閉じて言及しないでおくのではなく、差別の存在を認識しながら越えていくという転換は、大正のころの日本人の考え方と一緒だと思うのである。ようやく戦後の日本もここまできた。

前述したように、大正時代の教科書には人種差別のことがまったく出てこない。黄色くたって、白くたっていいじゃないかと、いち早く人種差別の超越に向かっている。

もっともその後、世界における日本人排斥の流れは第二次世界大戦へともつながって、人種差別の超越には長い時間がかかってしまうのだが、少なくとも大正時代には、日本人は差別のない世界を想定していた。

尋常小学校の教科書では、いち早く人種差別からの超越を示している。当時の実情から逃げているのか、あるいは日本のほうが一段上だとして相手にしていないのかどうかはわからない。しかし、日本人として、世界の中で生きていく自覚や覚悟が、当時の教科書ではしっかりと身につくようにできている。あらためて読んでみると、とてもよくできている。今、このまま採用すればいいのにと思うほどである。

次章からは、実際の教科書の文章を取り上げながら解説していく。昔の子どもたちが学んだ、詩情豊かな世界を味わっていただきたいと思う。

第二章

世界最高水準だった日本の小学校教育

◆江戸時代、庶民の文化レベルはきわめて高かった

江戸時代の日本は、徹底した地方自治だった。三百諸侯といわれるように、独立国である藩が三〇〇もあって、それぞれに殿様がいた。各藩で少しずつ言葉が違うし、習慣も違う。徳川幕府に反しない範囲ではあるが、法律も、その運用も違った。

さらに通貨の発行権を各藩が持っていた。領内で使える紙幣、藩札《はんさつ》である。その多くは銀との兌換《だかん》券で、引換所に持って行くと、銀と交換できることになっていた。全国に流通していた丁銀《ちょうぎん》という平たい棒状の銀塊は、額面が入っていなくて重さによって価値が決まる。もらうほうは心配だから重さをいちいち計ったりしていた。

「東の金使い、西の銀使い」といわれたように通貨圏も分かれており、山をひとつ越えれば一変するほど、日本の文化文明は実に多様で豊饒《ほうじょう》だった。

そうした多様さがある一方で、全国に共通していたことがある。平和な時代が

長く続いたおかげで、教育が盛んになったのだ。太平の世が長く続いて失業した武士は、寺子屋の先生になって、庶民の子どもたちに「読み書きソロバン」などを教えた。授業料は決まっていなくて、余裕がある家は多く払い、余裕のない家は少なくてよかった。地方では、酒、そば、うどん、野菜、魚などを寺子屋に持っていった。

寺子屋の様子を描いた絵を見ると、子どもが一〇人くらい、それぞれ違うことをしている。一人の先生がある子どもにはかな文字を教え、別の子どもには手紙の書き方を教えるといった具合に、個別に教えていたようだ。それぞれの習得状況に応じて教えられるから、覚えの早い子どもはどんどん先に進む。全体のレベルはかなり高かった。

日本人の識字率は、江戸時代から世界最高水準だった。算盤や実務的な計算もできた。算数は趣味娯楽でもあった。江戸時代初期にベストセラーになった『塵《じん》劫記《こうき》』は、吉田光由《よしだみつよし》が著したソロバンの使い方をはじめとした数学の入門書だが、「俵が何段積みだからいくつあるでしょうか」といった計算法や、ねずみ算など、数学を使った遊びも載っている。

現代では九九といえば掛け算だが、江戸時代は割り算の九九も子どもたちに暗唱させていたらしい。たとえば「2÷2＝1」のことを「二進《にしん》の一十《いちじゅう》」（音便化して『にっちんのいんじゅ』）と言った。そこから二でも三でも割り切れないというのが、「二進《にっち》も三進《さっち》もいかない」という言葉の語源になったのだそうだ。

江戸時代、庶民全体の文化・教育のレベルは世界と比べても非常に高かった。裾野が広いから頂点も高い。『塵劫記』は版を重ねるうちに、読者への挑戦として、解答を示さない問題を巻末に付けるようになる。問題を解いた人が、新しい問題を出す「遺題継承」という連鎖が起こって、日本の数学は急速に高度化するのである。

こうした日本独自に発達した数学は和算と呼ばれる。とくに算聖《さんせい》とも称えられる和算家関孝和《せきたかかず》は、世界でもいち早く行列式の概念を示すなど、その業績は今も高く評価されている。

◆地方の文化も豊かだった

レベルが高いからこそ、もっと高度なことを学びたくなる人が出てくる。しかし焦ってもいない。子どもたちがそれぞれ、自分に必要なことを必要なだけ学ぶのだから、成績を他人と比べて、悩み苦しむということはなかった。今のように偏差値による画一的な序列付けがないから、それぞれ得意な分野に進めばよいという専門分化の考えがあったのだ。これは常識として、日本人全員が持っていた。

江戸時代の面白さは、地方ごとに特色があり、それぞれに高い文化を持っていたことだ。当時は自分の藩独自の技術を育てることに熱心な殿様が多かったので、各藩ならではの特産品や専売品が多く存在する。盛岡藩の南部《なんぶ》鉄瓶や、宮津《みやづ》藩の丹後縮緬《たんごちりめん》、福山藩の備後表《びんごおもて》（畳表）、高松藩の和三盆《わさんぼん》など、今もブランドとして珍重されている多くの産品がこの時代に登場している。

江戸時代も後期になると、西洋の学問・科学技術に興味を持つ殿様は、大砲を作らせたり、溶鉱炉を作らせたりした。四国の宇和島《うわじま》藩は一〇万石に満たない小藩だが、参勤交代のときに品川沖で蒸気船を見た殿様が、「我が藩でもあのような船を作れ」と命じた。そんなことのできる技師など当時いるはずもなく、建造を託されたのは、研究熱心で腕がいいと評判の提灯《ちょうちん》職人だった。それでも苦心《くしん》惨憺《さんたん》の末、とにかく走らせることに成功したのだから、庶民の文化レベルの高さに驚くほかはない。

このとき、オランダ語で書かれた蒸気エンジンの図面を翻訳したのが、そのころ宇和島藩に通訳としてアルバイトに来ていた大村益次郎《おおむらますじろう》だ。シーボルトの弟子で蘭学者として知られた二宮敬作《にのみやけいさく》が宇和島藩にいたため訪ねたことがきっかけらしいが、高名な学者が地方の小藩にいることは珍しくなかった。

徹底した地方自治、地方分権だったから、各藩それぞれに特徴があった。学問にしても、最後は東大を目指すという、一元的な価値観がない。勉強はほどほどのところにしておいて、近所の人と仲良くやりながら、趣味や芸事に興じるのが一般的だった。

徳川幕府は、三百諸侯が歯向かわないよう、お互い争わないようにさまざまな制度を作りあげた。武家政権でありながら「もう戦争をしない」ということが大きな目的だったと言える。戦争しないということが大事だから、二五〇年間、外国へ侵略にも行かない。幸いなことに、向こうからも来なかった。

戦争をしないことで余力が大衆文化に費やされ、相撲や歌舞伎、落語、浮世絵などが発達する。あるいは子どもの鞠《まり》つき歌やしりとり歌とか、俳諧とか、小唄、都々逸《どどいつ》といった言葉遊びも盛んになる。前章で触れた「発達した日本語」が、そうしたところから生まれてきたことはあらためて述べるまでもない。

発達した大衆文化と、豊かな地方文化を通して、言語の統一ができていた。

◆百鬼夜行《ひゃっきやこう》の世界を日本はどう生き抜くか

ところが十九世紀の世界情勢の中で事態は一変する。欧米列強による帝国主義の時代が日本にも及んできた。明治維新の原動力は、列強によって植民地にされるという、差し迫った危機意識だった。

日本には欧米のように隣国との戦争に明け暮れた歴史がない。応仁の乱やその後の戦国時代のような内乱はあったが、全国が外国人に踏みにじられて荒廃するような戦乱は、なかった。外国に攻め込まれたり、占領されて王朝が替わったことなどはもちろんない。基本的に平和が続き、庶民は安心して暮らしてきた。

それが、欧米列強による植民地獲得競争の時代になって、否応なく国際社会に引っ張り出されてしまった。そこで日本は西欧の先進技術を必死に学んで富国強兵、殖産興業の道を歩んだのである。軍艦、鉄道、建築などの工学や医学、法律から、学校や議会制度まで一生懸命学んだ。

その結果、急速に西欧由来の技術や知識を身につけることに成功し、明治維新からわずか五〇年という短期間で、五大国のひとつと数えられるまでの強国になった。あらためて述べるまでもなく、これには江戸時代から培《つちか》ってきた文化・教育レベルの高さや勤勉さが大きく寄与している。

日本が植民地にされる危険はひとまず遠のいたが、世界の列強の本心にあるのは略奪主義である。うまくだまして儲けてやろう、食い物にしてやろうと虎視《こし》眈々《たんたん》と狙っている。そんな百鬼夜行の世界の中で、日本はどうやって生きていくのか。略奪主義に対してどう立ち向かうか。これらのことが西欧の文明を取り入れた日本が二十世紀初頭の世界で生き残っていくための、新たな課題だった。

明治の人々も、欧米の略奪主義のことはわかっていた。わかっていたけれども、「目には目を」や「略奪主義に対抗してこちらも略奪主義だ」とは言わない日本の気高さとか、上品さ、風流さといったものがあった。

世界中が平和になった、もう二度と戦争はないと信じていた大正時代、そんな風流さがこの教科書となって結実している。

◆教科書有料制ゆえの互助の精神

今のように、義務教育の教科書が無償になったのは第二次世界大戦後の一九六三（昭和三十八）年度からで、それまではみんなお金を出して教科書を買っていた。

そのため互助の習慣が発達していた。兄や姉は教科書を大事に使って、弟妹に渡した。全体に今よりも貧しい時代だったから、教科書代を払えない子もいた。そんな家庭は、親戚を駆けまわってもらってきた。一度ルートがつけば六年間の教科書が確保できるわけだ。途中で改訂されると困るのだが、大正六年発行から昭和十五年までの期間、改訂は一回だけだった。

お下がりの教科書には、前の使用者によるふりがななどの書きこみが入っている場合が多かったから、ありがたいとも言えた。反対に真新しい教科書の子どもは「おまえ、いいな」と羨《うらや》ましがられた。お下がりを融通しあうことで先輩、後輩という人のつながりの縁も作られた。

弟妹がいない家庭では、卒業するときに「学校でお使いください」と寄付していく人もいた。先生はそれをプールして持っていた。村のお金持ちの隠居などは、貧しい家庭の子どものために、教科書を買って寄贈したりもした。

こうして教科書代が払えない子のために、互助の精神が発達した。教科書を受け継いでいく中で、連帯感も生じる。有料であるがゆえに「大切に扱わなければいけない」「勉強しないといけない」という意識は、今よりもずっと大きかった。学校をきっかけにした絆も、今よりずっと強かった。

田舎のお金持ちは奨学金を出していた。学校の先生も駆けずりまわって募《つの》ってくれた。大学進学率が低かった時代、「できる子どもにはひとつ、奨学金を出して応援しようではないか」という雰囲気があった。

村いちばんの金持ちといえば大地主だ。なぜ大地主かというと、何かで一山当てて儲かると、田んぼを買うのが普通だったからだ。そうすると小作が収穫の五割くらいを持ってくるから左うちわになる。所得税が課せられるようになったのは一八八七（明治二十）年のことだが、当時は所得金額三〇〇円以上のものに限られ、税率も一～三％と、非常に低かった。事実上、儲け放題だったと言える。その後、何度か税法は変わるが、戦前の所得税は一種の富裕税で、よほどの大金持ちでなければ縁がなかった。

大地主の息子は、早稲田大学を代表とする東京の大学に入った。帰ってきたら村長になるとは昔の都市伝説のような話だが、そういう経路があった。弁論部や学生雄弁会に入って、国会議員や大臣になるという出世ルートもあった。出世して、郷土の名士になり、奨学金を出すのは名誉なことだったのである。

◆授業料不要だった師範学校

貧しいけれども優秀な子どもが目指すのは、小学校の先生を養成する師範学校だった。

貧しい家の子どもでも、頑張れば上の学校に行くことができた。『坂の上の雲』で有名な秋山《あきやま》兄弟の兄、秋山好古《よしふる》は師範学校から教員生活を経て陸軍士官学校へと進んでいる。

今もアメリカには、経済的に恵まれないが優秀という若者のために、軍の依託学生という制度がある。卒業すると、御礼奉公ですぐに海軍中尉や、陸軍中尉になる。「私は依託学生だったので、はじめから海軍に入るのが決まっていました」

という軍人に話を聞くと、奨学金をもらって大学に通っているから、打ち切られないようにとにかくよく勉強したという。

一方、今の日本の入試制度では偏差値で進路が決まってしまうから、何かの目的を持っていなくても成績がよければ東大に合格する。そのままろくに勉強もしないで卒業していく。これでは、世界に伍して活躍する日本人は育たない。

進路や選抜方法が一元的な単線になっている弊害だが、かつてのような複線化が今こそ必要だろう。なによりも、貧しい中でも助け合い、余裕のあるものは手をさしのべていた互助の精神が復活してほしいと思う。

ともあれ、教科書は有料のほうがありがたみがあってよい。一生懸命に読む気がする。

◆成績社会の弊害

江戸時代、庶民の教育レベルは世界でもトップクラスだったと先に述べたが、幕末の動乱期を除けば、庶民がどれほど勉強しても、武士に取り立てられて役につくことはめったになかった。日本の特徴だが、庶民のほうもそんなことは希望しなかった。それは、町人のほうが自由で豊かだったからだ。しかし、明治になると新政府への就職人気は高まった。それは当初、新政府の役職では薩長《さつちよう》の武士が有利だったので、明治政府が薩長藩閥の情実を排除して実力によって官吏《かんり》を登用するという目的のために各種の学校をつくり、そのトップに帝国大学を据《す》えたからだ。たとえ貧しくても、身分が低くても、帝国大学出であれば政府高官へとつながる道を開いた。いわば政府によるブランド作りである。

ブランドがありがたがられるのは品質保証がなされているからで、人間をブランドで仕分けして扱うと能率がいい。いちいち能力を測定しなくても、ブランドの有無を目印にすればいいからだ。その昔は「家老の家」とか「足軽の家」というブランドで判断していたものが、東大、京大といったブランドに代わった。学校出には品質保証があるとして、出自は問わないことにしたのである。

家柄社会や情実社会よりは成績社会のほうがまだましだが、成績を唯一無二の基準にすると、「点取り虫」をつくってしまう。しかも明治以降、教えていた内容はヨーロッパ伝来の学問が多かったから、中身は案外浅薄だった。

医学や物理学のような自然科学の学問なら、まだ結果が明白だ。世界で初めて血清療法の道を開き第一回ノーベル賞候補になった北里柴三郎《きたざとしばさぶろう》や、土星型原子モデルを提唱した長岡半太郎《ながおかはんたろう》のような、国際的にも注目される学者を日本は数多く輩出した。

ところが、法律や経済学などでは単に、欧米の学問を翻訳して日本に伝えるのが偉いということになってしまった。先進国から後進国へ、伝道する役割を務めることで本人はご満悦となる。東大を頂点とする成績社会は、欧米に追いつき追い越すための方策だったが、およそ日本人の誇りも矜持も感じられない人間を作り出す仕組みでもあった。

その弊害は戦後も続いた。それどころか、二十一世紀の今日において、ますます顕著でもある。アメリカに留学して、すっかりアメリカ並みになったつもりで、経営から教育、政治まで、何でもアメリカ式にやるのが世界標準だ、それが進歩だと論じる人がいる。

ある有職者は「私など、しょっちゅうアメリカに行って仕事をしているので、『バナナ』と呼ばれています」と、海外の会合でスピーチしていた。「外見は黄色いけれども中身は白人です、みなさんと同じです」とでも言いたいのだろうが、あきれた。

自分の生まれ育った国に対する誇りもなければ気位もない。いったいこの人は、どんな教育を受けてきたのかと、暗澹《あんたん》たる思いがする。

◆西洋に自慢したい

自分の国を誉められれば大人でも悪い気はしないだろう。子どもなら素直に嬉しいし、「自分たちの国は立派なんだ」と誇りに思う。子ども心にも（むしろ子どもだからこそ）国粋主義のような感情があるから、自国の優れているところを自慢したいし、誉められると嬉しいのである。

明治維新以来、欧米を範としてきた日本には、なかなか自慢できるものがなかった。

今でこそ、日本建築や日本庭園や、芸術品のような日本料理や、歌舞伎や浮世絵のような大衆文化から、循環型社会の大都市に至るまで、それこそ書ききれないくらい自慢できる長所が挙げられるが、一〇〇年ほど前までは、西洋の文物に比べて国産の日本製品は何でも価値が低いと思われていた。高い学歴の人ほどそう思っていた。西欧に「追いつき、追い越せ」を旗印に学んでいたのだから仕方がない。

しかし努力の甲斐あって、大正時代になると少しずつ自慢できるものが出てきた。次に示すような大きな軍艦を、自前で造れるようになった。

進水式

今日を晴と滿艦飾をほどこされたる三萬四千噸《トン》の大戰艦陸奥《むつ》は、海を後にして悠《いう》然と横たはれり。

果もなくすみ渡りたる大空、はなやかに流る丶日の光、場に滿ちたる十幾萬の拜觀者の胸は、まさに始らんとする進水式の壯快なる光景を豫想《よそう》して、唯をどりにをどる。

折しも起る「君が代」の奏樂。皇后陛下の臨御と共に、式は始りぬ。海軍大臣の命名書朗《らう》讀、工廠《しやう》長の進水命令、續いて造

船部長の指揮につれて吹く進水主任の號笛《ごうてき》を合圖《あいず》に、着々と進み行く進水作業。やがて工廠長のふりかざしたる金色の槌《つち》は、二年間の苦心を此の一揮にこめて、切斷臺上の繫索《けいさく》をはつしと切る。

拜觀者の目は、一せいに艦にそゝがれぬ。一秒又一秒、七百尺に近き大船體は、寸、尺、間と音もなくすべり出づ。艦首につるしたるくす玉ぱつとわれて、紅白の紙片花ふゞきの如くに散る中を、羽音高く舞上る數羽の鳩《はと》。

拍《はく》手かつさい、天地をとどろかす萬歳の叫、勇壯なる軍樂の調、工場といふエ場、船といふ船の汽笛が一せいにあぐる歡呼の聲。見る〳〵艦は速力を増して、白波高く海にをどり入る。

あゝ、海の戰士の勇ましき誕生。

〈国語読本巻十　第二十六課〉

この文章に軍国主義は感じられない。自衛力の整備の喜びが文化的に語られているだけで、陸奥の戦力は四〇センチ砲八門とかの誇示や礼賛は抑制されている。

当時、講談社が出していた絵本や『少年倶楽部』や、大人向けの『キング』といった雑誌には、たくさんの挿絵が載っていた。

日本は世界の三大海軍国のひとつといった嬉しくなるような情報とともに、「陸奥」「長門《ながと》」「日向《ひゅうが》」「霧島《きりしま》」など戦艦の絵が載っていた。それを見て私たち子どもは、軍艦の名前を覚えた。当時、素晴らしい細密画で有名だったのは樺島《かばしま》勝一《かついち》という挿絵画家で、テレビもなく、鮮明な写真もない時代、血沸き肉躍るような軍艦を描いていた。

講談社が偉かったのは、上野の美術学校（現・東京芸術大学）を出た若手の絵描きに、破格のお金を出して描かせたことだ。若手の実力派が、全力投球で挿絵を描き、子どもたちは、きれいな挿絵がたくさん載っているから買っていた。買えない子は、持っている子の本を覗いた。

国防の大切さは芸術的な情感によって覚えた。今でもあると思うが、大きな巻物のようになっている地図や絵を先生が持って来て、黒板の横に吊るして教えた。

テレビがないから、それだけでなかなか新鮮だった。学校へ行くということは文明に触れることでもあったから楽しかった。大きなビジュアル教材や教科書で習って、子どもたちは自分の村に電車はないが、東京では電車が縦横に走っているのかと想像の世界をひろげた。

東京停車場

東京停車場は東洋第一の大停車場で、宮城《きゆうじやう》の東にあります。赤れんぐわの三階造で、間口が百八十四間もあります。向つて右が入口、左が出口で、まん中が帝室用になつてゐます。

停車場の階上には、役所もホテルもあります。階下の入口には、左右に大きな待合室があつて、此の外に中央郵便局の分室もあれば、両替店や、いろ〳〵の賣店もあります。又洗面所もあれば、食堂《しよくだう》もあります。

此の停車場は汽車や電車の發着がたえまがなく、毎日何萬といふ人が乗降りするので、入口や出口の前には、いつも自動車や人力車がたくさん居ます。

〈国語読本巻五　第二十六課〉

◆大正時代は「東洋一」ブーム

東京駅の駅舎（二〇一二年、開業当時の姿に改装された）や、東京駅前にあった丸ノ内ビルヂング、大阪の初代通天閣《つうてんかく》、北九州の八幡《やはた》製鉄所などは、明治末から大正期に建設された施設で、いずれも「東洋一」と謳《うた》われた。神戸港は東洋一の貿易港といわれていたし、今、東京の表参道ヒルズになっている場所にあった青山同潤会《どうじゅんかい》アパートに代表される同潤会のアパート群は、東洋一のアパートであることを標榜《ひょうぼう》していた。

日本は明るかった。

「東洋一」がブームで「スエズ運河より東では一番」が次から次へと誕生して、

面白いことに、ちょうどそのころのアメリカは「ワールド・レコード・エイジ」ともいわれるが、世界一であることに熱中していた。

一九三一年の完成以来、一九七二年の世界貿易センタービル（九・一一で記憶される二〇〇一年のアメリカ同時多発テロで崩壊した）が建つまで、長く世界一の高層ビルとして君臨したのは高さ四四三メートルのエンパイア・ステート・ビルだ。

それまでの世界一は、その前年に完成した三一九メートルのクライスラービルだが、二カ月前に完成したウォールタワービル（現トランプ・ビル）のほうがわずかに高かったため、急遽《きゅうきょ》屋上に尖塔を建てて世界一にしたのだった。もっともその一一カ月後には、エンパイア・ステート・ビルに世界一の座を奪われてしまったが。

第一次世界大戦で戦場にならなかったアメリカが、経済力でイギリスを上回って世界一になったのが一九二〇年代だった。

世界初の大衆車であるT型フォードは、一九〇八年の発売以来、一九二〇年代半ばまでに約一五〇〇万台売れて、その数は当然世界一。これは米全土に広がる高速道路網の整備との相乗効果によるものだった。ただし、自動車の普及が先行したので、道路では渋滞が発生した。それも世界一で、見物にフランスの新聞記者が訪米して記事を書いた。見物渋滞の元祖かもしれない。ラジオや電気洗濯機の普及などもあって大量生産、大量消費の高度大衆社会が訪れた。

◆野球を楽しんだ国の共通点

この時代、大衆文化と呼ばれるものがあった国は日本とアメリカだけである。

ヨーロッパは階級社会だから大衆文化はない。貴族には貴族の楽しみがあり、庶

そのビルは世界一であるアメリカの象徴だった

何でも世界一を目指すアメリカの姿勢は、このころからすでにあった。第一次世界大戦後の世界の新しい枠組みの中で国力を増した日米両国は、ともに「一番」を目指した、写真は1931年、エンパイア・ステート・ビル完成時の姿。（写真／PANA）

民には庶民の娯楽がある。ラジオが発明されても、ヨーロッパ諸国では全国民に共通する関心事がないから、何を放送していいのかわからない。ブロードキャスティングするインダストリーは誕生しなかった。

ところが、アメリカと日本だけはラジオが大人気になり、全国に普及する。これは大衆に共通の関心事があったからだ。それからラジオを作れる技術があり、買える大衆がいた。経済水準と技術水準と民主主義がそろっている、二大大衆産業国が日米だった。そんな日本を封建的で貧乏国で軍国主義だったと書く人たちは、勉強不足である。

アメリカでラジオが産業として成り立つようになったのは選挙の放送からだった。一九二〇年、最初の商業放送局が伝えたニュースは大統領選挙の結果だった(このとき当選したウォレン・ハーディング大統領が、国際連盟への加入を拒むのである)。

民主主義を標榜するアメリカでは、地方の隅々まで選挙があった。その際の政見放送だとかさまざまな解説、開票結果の速報などが、放送産業が発展するきっかけになった。すなわち、大衆に向けて広汎《こうはん》に伝えるコンテンツ（内容）があった。その最初が選挙で、続いてボクシング、しばらくして野球中継が始まった。

アメリカでラジオ放送が始まって五年後の一九二五（大正十四）年三月、日本でもラジオ放送が始まった。ラジオドラマや浪花節《なにわぶし》、落語が人気を博し、二年後には甲子園の中等学校野球（現在の高校野球）の中継が始まっている。大相撲が中継されるようになったのは、中等学校野球の翌年からだったというから、いかに人々が野球を楽しみにしていたかがわかる。

戦前、野球を喜んだのはアメリカ人と日本人だけだった。

今、「夏の甲子園」で知られる大会の前身、全国中等学校野球大会が始まったのは一九一五（大正四）年に遡る。東京六大学野球は一九二五年から始まり大人気になった。プロ野球の人気が出るのは戦後のことで、戦前は東京六大学野球のほうが、みんなが興味を持ち、話題にする大衆娯楽だった。

ベースボールを「野球」と訳したのは正岡子規《まさおかしき》だと言われることがあるが、本当は一高（旧制第一高等学校）の後輩にあたる中馬庚《ちゅうまんかなえ》なのだそうだ。とはいえ、ベースボール好きだった子規は、野球が訳語に定着する以前、本名の「升（のぼる）」から「野球（のぼーる）」を雅号にしていたらしい。明治中期のことだが、ベースボールが伝えられた直後から、このスポーツに魅了された日本人が大勢いたことがわかる。

◆「戦前は暗黒の時代」は謀略宣伝

一九二〇年代から六〇年代にかけて、アメリカのアイデンティティは、明らかにベースボールだった。多民族で移民の多いアメリカで、共通の話題としてこれ以上のものはない（今は日本のアニメが共通の話題で、移民や留学生たちの心のやすらぎになっている）。

『バルジ大作戦』という映画をご存じだろうか。第二次世界大戦末期、ドイツによるアメリカ軍への最後の大攻勢を描いたハリウッド映画だ。

この映画の中で、ドイツ軍が後方攪乱《かくらん》のためにアメリカ兵そっくりに化けたドイツ兵を送り込む場面がある。史実に基づくらしいが、アメリカ帰りでアメリカ英語を話し、振る舞いもアメリカ人そのものというドイツ兵による攪乱作戦である。

アメリカのMPになりすまして間違った道を教えているドイツ兵をとっさに見抜くために、アメリカ軍は「今年、ワールドシリーズで勝ったのはどこか?」という質問をせよというパンフレットを配った。

アメリカ人なら知らないはずはないという質問で、いかにうまく化けていても、たちどころに発覚してしまうという「リトマス試験紙」の役割をはたしたのが野球だった。日本ならさしずめ、時代劇映画の男優の名前（長谷川一夫《はせがわかずお》とか）、大相撲の横綱の名前とかが、この種のテストで使われただろう。しかし、もっと簡単なのは小学校教育からの出題で、日本には正答率一〇〇%になる共通知識がたくさんあった。

戦後、アメリカが「戦前の日本は軍国主義だった」「国家統制の時代だった」などと喧伝したせいで、戦前の日本はあたかも今の北朝鮮のような暗黒の時代であったかのように思われているが、それはまったく事実に反する。

占領軍による謀略宣伝の影響がいまだに残っているし、平凡な記憶やエピソードは語られず、つらく苦しかったことが記録として保存されやすいというバイアス（偏《かたよ》り）を考慮しなくてはいけない。

このように、大東亜戦争に突入したときの日本人は、民度が高く、日本人としてのアイデンティティをしっかり持っていた。文部省（当時）による義務教育は成功していた。だから戦争にも強かった。

◆尋常小学校から国民学校へ

一九四一（昭和十六）年四月から、尋常小学校は国民学校へ改組されたことは、前章でも触れた。私が五年生になった春のことだが、この春を境に、学校の先生の態度がクルッと変わった。教科書も変わったし、体操に加えて武道が必修になるなど、それまでの風流でリベラリズムの匂いのあった学校が、武張《ぶば》った雰囲気にがらりと変わった。

中学一、二年生になると軍事教練があって、ヒステリックに怒鳴ったり叩いたりする配属将校もいた。だが私たちは「叩いたりしなくても、いざとなれば特攻隊に行きますからね。ちゃんとした飛行機を用意してくださいよ」「操縦は教えてくれたら覚えますからね」と思っていた。叩いたからといって、操縦は覚えられない。その点で、日本の軍隊は非合理的だと思った。

戦後、軍国主義や国粋主義の教育から民主主義の教育へ一変したとよく言われるが、私の体験では、その五年前の急変が印象的だった。「戦後に先生がコロッと変わった」と語られることが多いが、それはまた元に戻っただけである。昭和十六年以前に戻ったにすぎない。これはだれも言わない。

戦争中の日本を暗黒で、軍国主義だとする意見に賛成できない。その前に大正時代があって、日本はもっと自由な大衆文化が興隆していた。それは昭和十四（一九三九）年まで続いていたから、暗黒時代は五〜六年間のことである。

教科書の変遷でいえば、冒頭が「ハナ ハト マメ マス」で始まる通称『ハナハト読本』が使われたのが、一九一八（大正七）年から一九三二（昭和七）年まで。一九三三（昭和八）年から一九四〇（昭和十五）年まで使われたのが「サイタ サイタ サクラ ガ サイタ」で始まる『サクラ読本』で、私が習ったのはこちらの教科書だった。大正時代の民主的な雰囲気を残しながら、早々に文章を習う新しい国語教育法を取り入れた教科書だった。

国民学校になると一年生の教科書は、最初のページが「アカイ アカイ アサヒ」で始まるので、『アサヒ読本』と呼ばれている。これが一九四五（昭和二十）年まで使われた。

『朝日新聞』は、戦前の日本の教科書は国粋主義でひどいものだったと書き立てるが、戦前と一口で言わないでもらいたい。昭和十五年、ベルリンのオリンピックに続いて東京でもオリンピックを開催しようというときがあった。国粋主義というよりは国威発揚を目指したのだが、それだけの鉄・セメントなどの資材がなくて断念した。

その昭和十五年が転換点で、それからは国粋主義や軍国主義の声が高くなった。しかしそれまでの日本は平和、自由、民主、勤勉、学問の国で、江戸時代さながらの町人文化国へどんどん回帰中だった。

大正から昭和へかけての教科書をみれば、それがよくわかる。

第三章

周りのものに目を向けなさい

◆名前を憶え、存在を学ぶ

晴れやかに入学した一年生を、校庭の桜の花が迎えたことだろう。喜び勇んで小学校に入った子どもたちが、国語の教科書を開いた第一ページ、最初に出会うのは「ハナ」である。次のページからは「ハト マメ マス」「ミノ カサ カラカサ」と続く。一見しておわかりのように、名詞ばかり並んでいる。

「マス」というのは、酒や米などの体積を量る「枡」のことだ。「ミノ」（蓑）はワラで作ったレイン・コートで、今や時代劇の中でしか目にすることはないが、大正時代は日用品だった。

つまり、ここでは身近なもの、身のまわりにあるものを列記して、すべてに名前があることを教えている。多少もっともらしく言えば、ものに名前を付けることで、人間は外界を認識する。幼い子どもは「これは何？　あれは何？」と始終聞いてくるが、それが学習の第一歩である。

さらに次のページになると「カラス ガ ヰマス。スズメ ガ ヰマス。」になり、

「ウシ ト ウマ ガ ヰマス。」と続いて、しばらくすると「オヤネコ ト コネコ ガ ヰマス。コネコ ガ 二ヒキ ヰマス。」になる。この間、四ページほど「ヰマス、ヰマス」が続く。

これは哲学で言うザイン（存在）である。この世には植物がある、動物がある。自分の周りのものをちゃんと観察して、あるがままに認めなさいと教えているわけだ。

もっとページを進めると「オマワリサン ガ ヰマス。」「ハタラク ヒト ガ ヰマス。」「ベンキョウ スル ヒト ガ ヰマス。」となって、社会的存在が示される。立場とか地位といったものの存在も出てくる。

その後に「ナリマス」「アリマス」「シマシタ」「ナサイマス」などが出てくる。この間、ずっとザインである。ものごとに対して、妙な色づけなどすることなく、まずしっかりと認知することを教えた。

それが一通り終わってから、桃太郎のような物語に進んだ。巻一の最後あたりだから、入学してから半年後くらいだろうか。

まず、身近なものを認識させる

これが本文で触れた「ハナハト」から始まる通称「ハナハト読本」だ。1918（大正7）年から1932（昭和7）年まで使用されていた。4月に入学した小学生が最初に習う言葉がさくらの花だったというのは、実に風流である。ちなみにページの上段に書いてある文字は、そのページで初出となる（小学生が初めて習う）カタカナだ。

<国語読本巻一>

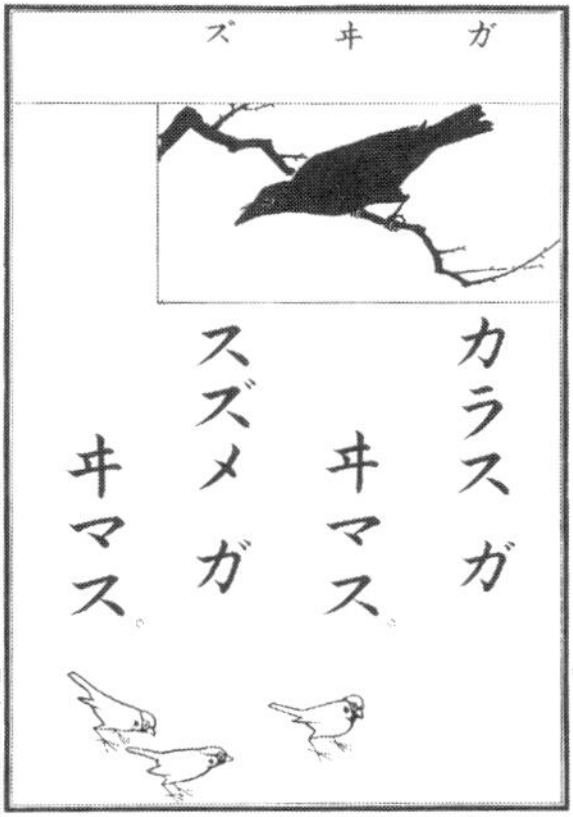
ガ ヰ ズ
カラスガ
ヰマス。
スズメガ
ヰマス。

ウ シ
ウシガ ヰマス。
ウマガ ヰマス。
ウシト
ウマガ ヰマス。

イ ヌ ロ
イヌガ ヰマス。
シロイ イヌト
クロイ
イヌガ
ヰマス。

ネ コ ニ キ
オヤネコト
コネコガ
ヰマス。
コネコガ
ニヒキ
ヰマス。

ものには名前があり、誰もが有形・無形のさまざまな存在の中で暮らしている。私が尋常小学校に入った一九三七（昭和十二）年に使われていた教科書では、第一ページは「サイタ サイタ サクラ ガ サイタ」だが、やはり名詞と存在、ザインから始まっていた。

その次の段階でゾルレン（当為）を教わる。当為とは「～すべき」「当然のこととして行なう必要がある」という意味だ。教科書に出てくる物語を通して、こうあるべきという実例を学んだのである。このゾルレンの段階については、次章であらためて述べる。

◆国際的視野の持ち方を教えていた

先の章でも触れたように、尋常小学校では国語の教科書が十二巻あって、これを六年間で学んだ。当時の義務教育は尋常小学校の六年間のみである。この期間だけで、社会に出て一人前にやっていけるような、日本人としての基本的な素養を身につけさせるのである。現代の小中学校計九年間の義務教育課程と比べると、かなりのスピードといえる。

大正期から昭和の初めのころ、義務教育だけ終えて社会に出る者は、男子でおよそ半数、女子も半数以上が尋常小学校を卒業すると働いた。

学校はその六年間で、一生懸命に何を教えていたか。もちろん読み書きソロバンだが、その他に礼儀作法とスポーツと社会常識を教え、さらに道徳も教えた。その中には〝人間の尊厳〟が入っていた。そして知識としては家庭にはない国際化に関する話があった。日本の平均的な国民が、国際的視野を持てるようになることに腐心していた。

大正時代の日本は、あれよあれよという間に世界の表舞台に躍り出て、国際連盟の有力メンバーになった瞬間だ。だから、国民も広く世界に目を向けて、世界の国々の中でも秀《ひい》でた立場にあることの自覚を求めた。

大正期の教科書は、義務教育だけ終えて働く、ごく普通の人々にも、世界にはさまざまな国があって、それぞれに特徴ある文化を持った人々がいることを教えている。以下は六年生の国語である。ほとんどの国民は、ヨーロッパに行くことは夢のまた夢だったから、子どもたちは一種のあこがれとともに教科書のページを開いたのではないかと思う。

ヨーロッパの旅

一　ロンドンから

ロンドンは何と言っても世界の大都會です。テームス川を飾るタワー橋・ロンドン橋を始め、國會議事堂・大英博物館・ウェストミンスター寺院、其の他見る物聞く物唯々驚く外はありません。

昨日大英博物館を一覧しました。陳《ちん》列品の多種多様で、しかも其の數量の數限りもないのは、さすがに世界

の大博物館といはれるだけあると思ひました。我が日本のよろひ・かぶと其の他の武器類もたくさん集めてあります。

市街を見物して私の特に感心したのは、市民が交通道徳を重んずることです。往來の頻繁《ひん》な街上でも、よく警官の指揮に従つて、混亂《こんらん》することがなく、地下鐵道・乗合自動車などの乗り下りにも、むやみに先を爭ふやうなことはありません。

二　パリーから

一昨日朝ロンドンを出發して午後早くパリーに着きました。

此處《ここ》はさすがに藝術の都として世界に聞えてゐるだけあつて、建物なども一般に壯麗です。

世界最美の街路といはれてゐるシャンゼリゼーの大通には、五六層もある美しい建物が道路の兩側に並び、車

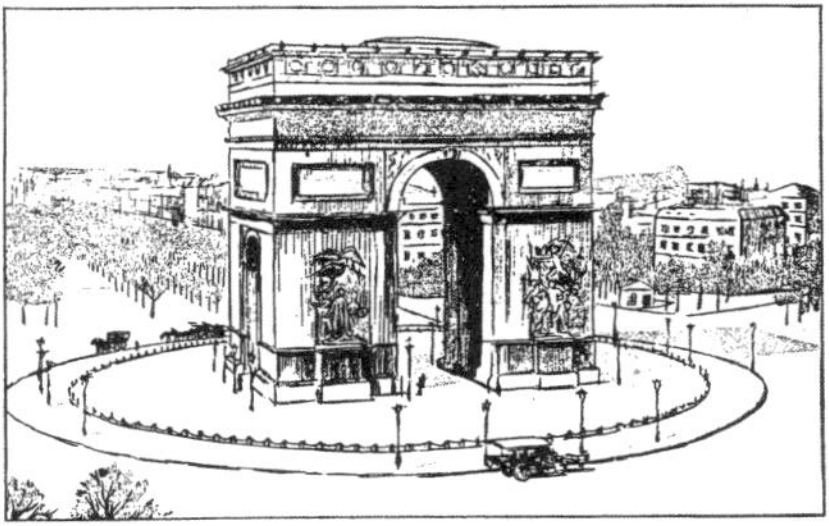

道と人道との間には、緑したゝる街路樹が目もはるかに連なつてゐます。有名な凱旋門《がいせん》は此の大通の起點にあります。

ルーブル博物館も一覧しましたが、りつぱな繪畫・彫刻の多いことは恐らく世界第一であらうと思ひました。又エッフェル塔にも登つて見ました。此の塔は世界最高の建物で、高さが三百メートルもあるさうです。塔の中には賣店もあり、音樂堂・食堂なども設けられてあります。眺望臺で眺めると、道を往來してゐる人間や自動車などは、まるで蟻《あり》のはふやうに見えるし、さしもの大きなパリー市も殆ど一目に見えます。

三　ベルダンから

あゝ、此のむざんな光景を御らんなさい。山も森も村も皆燒野が原と變つてゐます。

私は今落日に對して、うすら寒い秋風を浴びながら、山鳩《ばと》の聲さびしきベルダンの戰跡に立つてゐます。

四　ベルリンから

汽車でドイツの國内にはいつたのは朝まだほの暗い頃でしたが、もう沿道の田畑には農夫が鍬《すき》を振るつてをり、又工場といふ工場には盛に黒煙が上つてゐました。これはイギリスやフランスなどでは見られぬ光景で、私は今更ながらドイツ人の勤勉なのに驚きました。やがてベルリンに入つて見ても、勤儉《きんけん》の美風が市民の間にあふれてゐて、彼等が大戰後における自國の疲弊《ひへい》を回復するため盛に活動してゐるのには全く敬服しました。

五　ジュネーブから

世界の公園といはれてゐるスイスは、到る處《ところ》我が日本のやうに景色がよい。私は今ジュネーブ市のモンブラン橋のてすりにもたれて、ジュネーブ湖上の風光に見とれてゐます。るり色の水に浮ぶルソー島、湖畔《はん》に連なる緑樹・白壁、はるかに紺青の空にそびえて雪をいたゞくアルプの連峯。久しく單調平凡な景色にあきてゐた私には、如何にも心地よく眺められます。

〈国語読本巻十二　第八課〉

実にしっかりした旅行記で、現在の海外旅行会社が発行する統計だらけのパンフレットよりもよほど充実している。

◆国を愛する心、郷土を愛する心

つぎは、尋常小学校の六年生が学んだ「修身」の教科書である。国際社会における日本について、明治維新以降の歴史とともに簡潔に、しかし実に率直に書いてある。「修身」というと、それこそ封建的で、国家主義だと嫌う人もいるが、まずは先入観を排して一読していただきたい。

國運の發展

明治の初にあたつて、明治天皇は、世界の文明をとり入れて我が國の發達をはかり公論によつて政治を行ふといふ大方針《はうしん》をお立てになりました。それから僅か五十年餘りの間に我が國運は非常な進歩發達をとげました。

昔は、國民は國の政治にはもとより、自分等の住む町や村の政治にもたづさはらなかつたのです。それが今日では、自分等の住む市町村の事は大體《だいたい》自分等の間ですることになり、また衆議院議員を選擧しなどして國の政治にも參與《さんよ》することになりました。

昔は、寺子屋などで少數の子供が讀み書きやそろばんを少しばかり習つただけで、國民の中には字の讀めない者もたくさんありました。明治になつてから次第に教育が盛になり、今日では小學校が到る處にあつて、國民は皆一通りの教育を受けられるやうになりました。その外諸種の學校が備つて、誰でも更に進んで十分に教育を受けることが出來ます。又學問・技藝《ぎげい》は我が國に昔からあり來つたものや支那から傳《つたわ》つたものばかりであつたが、明治になつてから、盛に西洋のものも取り入れて發達をはかつたために、今日では學問も技藝も非常進歩しました。

始めて東京横濱間に鐵道がしかれてから五十年たつただけですが、今日では何處へ行くにも汽車を利用することが出來ます。又始めて汽船を見て驚いたのは七十年程前ですが、今日の我が國は、汽船の數では英・米二國の次に位してゐます。明治以前には通信は專《もつぱ》ら飛脚《ひきやく》によつたので、ずゐぶん不便でしたが、現今では何處にも郵便や電信・電話の設があつて、非常に便利に通信が出來るやうになりました。

昔は、護國の任に當つたのは武士だけでしたが、明治になつて徴兵令《ちようへいれい》がしかれてから、國民は皆兵役について我が國を護ることになりました。それがために陸海軍の備が十分整つて、明治二十七八年・同三十七八年の兩戰役には、國威を世界に耀《かゞや》かすことが出來ました。

我が國は、徳川幕府が久しい間外國と交通することを禁じてゐたので、明治以前には餘程世界の大勢に後れてゐました。それがため、外國と交際を開いた時には、大そう不利益な條約《でうやく》を結び、その後長らく苦しみました。しかし國民はよくこれに耐《た》へ、力を合はせて國の繁榮をはかつた結果《けつくわ》、遂に外國も我が實力を認《みと》めたので、我が國は條約を改正することが出來て、外國と對等に交際することになりました。

我が國の人口は、五十年前には三千餘萬でしたが、今日では八千萬にも及んでゐます。これらの國民があまねく教育を受け、國の内外で仕事に勵《はげ》むのですから、將來の發展は一層《そう》めざましいに違ありません。

我が國は昔から農業を本とする國ですから、その方面は相應に發達してゐました。又周圍が海であるから水産業は昔から盛で、現今では世界で一二を爭ふ位です。しかし商業は、主に明治になつてから進歩しました。昔は商人がめい〳〵僅かな資本をもつて、國内だけで取引をしてゐましたが、明治になつてからは商業の會社もだん〳〵出來て、今日ではその數が一萬以上になり、大資本をもつて、國内のみならず外國とも盛に取引をするやうになりました。又工業の發達したのも明治になつてからで、昔は手でした事をだん〳〵機械でするやうになり、五十年前には工場の數が千餘であつたのが、今日では數萬もあつて、紙でも絲でも織物でも大仕掛にこしらへてゐます。

かやうに、政治教育・産業等あらゆる方面の發達をはかるために、我が國は種々の施設《しせつ》をして來ました。そのための費用が、三十年前には年額數千萬圓でしたが、近年では十數億《おく》圓に達してゐます。これらの費用は國民が負擔《ふたん》するのですから、國民の富も增してゐることがよくわかります。

我が國は、かやうな發達の結果、世界大戰役後には世界の大國の中に列することになりました。我が國をこれまでに盛にするのは決して容易なことではありません。ひつきやう明治の初以來、天皇御みづから國民をお率ゐになり、國民も皆一體になつて大御心を仰いでつとめて來たからです。しかし現在でも、英・米・獨《どく》・佛等の諸國に比べて見ると、まだ及ばない所があります。將來我が國が更に發達してこれらの國々と肩をならべて共々に、文明の進歩をはかつて行くやうにするのは、我等の責任《せきにん》です。

〈修身巻六　第二課、第三課〉

余計な美辞麗句もなく、夜郎自大《やろうじだい》に力みかえっているところもない。欧米諸国に比べて、まだ及ばない点があると正直に認めている。さらに発展させるのは自分たちの努力次第であると書いてある。ここに書かれていることからは、現実をありのままに認めようという姿勢が、はっきりと汲み取れる。

学年が進むにつれて、外国のことをいろいろ学んでいくことになるが、だからといって、ことさらに日本を卑下したり、コンプレックスを持ったりする必要はない。外国の文物が一方的に優れていて、日本が遅れているというわけではない。重要なのは、ありのままに謙虚にものごとをとらえる姿勢である。

その際、どうしても欠かせないのが、自分たちの国に対する誇りや、国を愛する意識だ。すなわち、愛国心を忘れてはいけない。

愛国心がどこから出てくるかというと、まず家族を愛し、友人を愛し、国土を愛し、日本の自然を愛することからだ。昔の教科書はそれらをしっかりと教えている。

日本三景

日本の國には、景色のよい所がたくさんありますが、松島・天の橋立、宮島の三つを、昔から日本三景と申します。

松島は大小二三百の島が、海上三四里の間にちらばつてゐて、島といふ島には、枝ぶりのよい松がしげつてゐます。あたりの高い所からもながめますが、多くは舟に乗つて、島の間を通つて見物します。晴れた日、月の夜、雪の朝、いつ見てもよい景色です。

天の橋立は海中へつき出た細長い洲《す》で、長さは一里、はゞは四五十間。其の洲の白い砂の上に、青い松が一面に立つてゐて、長い橋のやうに見えます。

宮島はまはりが七里もある島で、島の山には鹿《しか》がたくさんすんでゐます。

島の東北に厳島《いつくしま》神社があります。朱ぬりの社殿が山のみどりを後にして、たいそうきれいに見えます。ことにしほのみちた時は、社殿や廻廊《くわいらう》が海の中に浮いて、お話にある龍宮《りゆうぐう》はこれかと思はれます。社前の海に、日本一の大鳥居があります。

〈国語読本巻五　第十六課〉

日本の高山

「朝晩めつきり寒くなつた。高い山はもう雪だらう。」

「にいさん、富士山《ふじ》はまつ白でせうね。」

「さうさ、中ほどまでは降つてゐるかも知れない。何しろ一万二千五百尺もあつて、内地第一の高山だから。」

「それでは日本一の高山は。」

「臺灣《たいわん》の新高山《にいたかやま》さ。これは一万三千尺からある。臺灣ではめつたに雪が降らないさうだが、それでも此の山には、時に雪を見ることがあるといふことだ。」

「一番は新高山、二番は富士山、三番目は。」

「いや、二番も三番も臺灣にある。富士山は六番目だ。」

「富士山の次は。」

「内地では甲斐《かひ》の白根で、一万五百尺。」

「其の次は。」

「信州《しんしう》の槍岳《やりがたけ》や赤石山で、どれも一万尺以上ある。」

「外國には、新高山より、もつと高い山がありますか。」

「印度《いんど》のヒマラヤ山は世界一で、たしか三万尺近いとおぼえてゐる。しかし三郎、高い山がかならず名高い山だとはかぎらない。奈良《なら》の春日《かすが》山や三笠《みかさ》山は千尺そこ〳〵だが、白根や槍岳よりも知られてゐるし、京都の東山にしてもさうだ。

　ふとん着て、ねたるすがたや東山。

で、先づ高い岡だと思へばよい。」

「高くて名高いのは、どの山ですか。」

「それは富士山さ。」

〈国語読本巻六　第二課〉

桜の花は美しい、山の緑は美しく、川は清らかに流れている。富士山は高く、雪を冠した姿は崇高ですらある。こうした自然を詠んだ歌は、平安、万葉の昔からある。絵も文化もある。それを子どものときからなじませていけばよい。教科書には美しい風土、言葉とともにさまざまな歴史上の人物が登場して、自分たちの生まれ育った国の特質や美風を教えていったのである。

◆家族のため、人のために何かをする

国際化した日本や、国土、自然、国を愛する心と並んで、戦前の教科書の持つ特徴に家族主義がある。お父さん、お母さん、おじさん、おばさん、兄弟姉妹といった家族が出てくる題材が実に多い。ほんの一例を挙げておこう。

餅つき

餅をつく音に目がさめた。はね起きて見ると、土間の大釜の上に積んであるせいろうからは、盛にゆげが上つてゐた。

おかあさんは取粉をのし板の上にひろげて、餅のつき上るのを待つていらつしやる。おとうさんはきね、おばあさんはこねどり。おぢいさんは大釜の火をたいていらつしやる。

にいさんが奥の間に、餅を並べる所をこしらへてゐた。

「お早う。」

といふと、

「よく目がさめたね。今四時を打つたばかりだ。」

と、にいさんがいつた。

つき上ると、おばあさんが餅を臼の中で丸めて、おかあさんの所へ持つていらつしやつた。おかあさんはそれを二つにちぎつて、ぐるぐるまはしていらつしやつたが、忽《たちま》ちきれいなおそなへになつた。

二臼目で小さなおそなへが幾かさねか出來、三臼目からは、のし餅が出來た。

四臼目の時は、おぢいさんも手つだつてつかれた。

二かさね目のせいろうから、ゆげが上るまでに、少し間があつた。其の時にいさんが
「私にもつかせてみて下さい。」

といひ出すと、おぢいさんが
「とてもまだ。」

とおつしやつたが、おばあさんは
「まあ、ついてみるがよい。」

とおつしやつた。

いよ〳〵にいさんがつき出した。始のうちは勢がよかつたが、間もなく腰がふらつき出して、ふみしめてゐる兩足が、きねをふり上げるたびに動いた。おと

うさんが

「せいは高くても、まだだめだ。」

とおつしやつたが、それでもとう〳〵一臼だけはつき上げた。

八時頃には、すつかりすんだ。おしまひの一臼には、小豆やきな粉をつけて、うちでもたべ、近所へも配つた。

〈国語読本巻八　第十四課〉

昔は、ごく当たり前のことだった家族主義だが、戦後、すっかりなくなってしまった。ひどいものだと思う。

たしかに家族主義は、自分以外の家族との助け合いだから、助けられたほうは得で、助けたほうは損ということになる。お母さんが早起きして朝食の支度をする。女の子も早起きして手伝いをする。お父さんと長男は、後から起きてきて、朝食を食べるだけ。戦後、そんなのは不公平だということになってしまった。

誰がどのぐらい得したか、損したかを言いだせばきりがない。だいたいは長男が得をしていたが、家族のために何かをすること、団結することのほうがずっと大事である。損得は親がすべて心得ているから、けっして不公平にはならなかった。

私の体験を言えば、あるとき妹が「お兄ちゃんばかり楽をしてずるい」と、いつも自分だけ手伝わされることを母親に抗議した。母が「お兄ちゃんは戦争に行って死ぬの！」とぴしゃりと言うと、それから妹は文句を言わなくなった。

そういう現実が「存在」したのである。それがいいことなのか、悪いことなのか、今の尺度で決めつけることはできない。

今は男だからといって、戦争に行って死ぬことはない。だから、労苦は平等にということだろうが、算術的にまったく均等に分け合うことなどできない。

自分以外のために汗をながすこと、誰かのために少しずつ余計に動こうとすることは、本人にとって生き甲斐《がい》であり、共同体にとっても非常に重要なことである。以下に紹介する二編は、世のため人のために努力することの尊さを教えている。

る。

鐵眼《てつげん》の一切《いつさい》經《きよう》

一切經は、佛教に關する書籍を集めたる一大叢《そう》書にして、此の教に志ある者の無二の寶《たから》として貴ぶところなり。しかも其の巻數幾千の多きに上り、これが出版は決して容易の業に非ず。されば古《いにしえ》は、志那より渡來せるものの僅かに世に存するのみにて、學者其の得がたきに苦しみたりき。

今より二百數十年前、山城宇治黄檗《やましろうぢわうばく》山萬福寺に鐵眼《てつげん》といふ僧ありき一代の事業として一切經を出版せん事を思ひ立ち、如何なる困難を忍びても、ちかつて此のくはだてを成就せんと、廣く各地をめぐりて資金をつのる事數年、やうやくにして之をとゝのふる事を得たり。鐵眼大いに喜び、將に出版に着手せんとす。たま〱大阪に出水あり。死傷頗《すこぶ》る多く、家を流し產を失ひて、路頭に迷ふ者數を

知らず。鐵眼此の狀を目撃して悲しみにたへず。つら〳〵思ふに、「我が一切經の出版を思ひ立ちしは佛教を盛にせんが爲、佛教を盛にせんとするは、ひつきやう人を救はんが爲なり。喜捨を受けたる此の金、之を一切經の事に費すも、うゑたる人々の救助に用ふるも、歸する所は一にして二にあらず。一切經を世にひろむるはもとより必要の事なれども、人の死を救ふは更に必要なるに非ずや。」と。すなはち喜捨せる人々に其の志を告げて同意を得、資金を悉《ことごと》く救助の用に當てたりき。

苦心に苦心を重ねて集めたる出版費は、遂に一錢も殘らずなりぬ。然れども鐵眼少しも屈せず、再び募《ぼ》集に着手して努力すること更に數年、效果空しからずして宿志の果さるゝも近きにあらんとす。鐵眼の喜知るべきなり。

然るに、此の度は近畿《き》地方に大飢饉《ききん》起り、人々の困苦は前の出水の比に非ず。幕府は處々に救小屋を設けて救助に力を用ふれども、人々のくるしみは日々にまさりゆくばかりなり。鐵眼こゝにおいて再び意を決し、喜捨せる人々に説きて出版の事業を中止し、其の資金を以て力の及ぶ限り廣く人々を救ひ、又もや一錢をも留めざるに至れり。

二度資を集めて二度散じたる鐵眼は、終に奮つて第三回の募集に着手せり。鐵眼の深大なる慈悲心と、あくまで初一念をひるがへさざる熱心とは、強く人々を感動せしめしにや、喜んで寄附するもの意外に多

く、此の度は製版・印刷の業着々として進みたり。かくて鐵眼が此の大事業を思ひ立ちしより十七年、即ち天和《てんな》元年に至りて、一切經六千九百五十六巻の大出版は遂に完成せられたり。これ世に鐵眼版と稱せらるゝものにして、一切經の廣く我が國に行はるゝは、實に此の時よりの事なりとす。此の版木は今も萬福寺に保存せられ、三棟百五十坪の倉庫に滿ち〳〵たり。

福田行誡《ぎやうかい》かつて鐵眼の事業を感歎していはく、「鐵眼は一生に三度一切經を刊《かん》行せり。」と。

〈国語読本巻十　第二十八課〉

青の洞門《どう》

豊前《ぶぜん》の中津《なかつ》から南へ三里、激流岩をかむ山國川を右に見て、川沿の道をたどつて行くと、左手の山は次第に頭上にせまり、遂には路の前面に突立つて人のゆくてをさへぎつてしまふ。これからが世に恐しい青のくさり戸である。それは山國川に沿うて連なる屛風《びやうぶ》のやうな絶壁をたよりに、見るから危げな數町のかけはしを造つたものであるが、昔から之を渡らうとして水中に落ち、命を失つた者が幾百人あつたか知れない。

享保《きやうほう》の頃の事であつた。此の青のくさり戸にさしかゝる手前、路をさへぎつて立つ岩山に、毎日々々根氣よくのみを振るつて、餘念なく穴を掘つてゐる僧があつた。身には色目も見えぬ破れ衣をまとひ、日にやけ仕事にやつれて年の頃もよくわからぬくらゐであるが、きつと結んだ口もとには意志の強さが現れてゐる。

僧は名を禪海《ぜんかい》といつてもと越後の人、諸國の靈《れい》場を拜み巡つた末、たま〳〵此の難處を通つて幾多のあはれな物語を耳にし、どうにか仕方はないものかと深く心をなやました。さていろ〳〵と思案したあげく、遂に心を決して、たとへ何十年かゝらばかゝれ、我が命のある限り、一身をさゝげて此の岩山を掘拔き、萬人の爲に安全な路を造つてやらうと、神佛に堅くちかつて此の仕事に着手したのであつた。

之を見た村人たちは、彼を氣違扱ひにして相手にもせず、唯物笑《ものわらい》の種にしてゐた。子どもらは仕事をしてゐる老僧のまはりに集つて、「氣違いよ〳〵。」とはやし立て、中には古わらぢや小石を投げつける者さへあつた。しかし僧はふりかへりもせず、唯默《もく》々としてのみを振るつてゐた。

其のうちに誰言ふとなく、あれは山師坊主《ばうず》で、あのやうなまねをして、人をろうらくするのであらうといふうはさが立つた。さうして陰に陽に仕事のじやまをする者も少くなかつた。しかし僧は唯默々としてのみを振るつてゐた。

かくて又幾年かたつうちに、穴はだん〳〵奥行を加へて、既に何十間といふ深さに達した。

此の洞穴《ほら》と、十年一日の如く黙々としてのみの手を休めない僧の根氣とを見た村の人々は、今更のやうに驚いた。出來る氣づかひはないと見くびつてゐた岩山の掘抜も、これではどうにか出來さうである。一念こつた不斷の努力は恐しいものであると思ひつくと、此の見る影もない老僧の姿が、急に尊いものに見え出した。そこで人々はいつそ我々も出來るだけ此の仕事を助けて、一日も早く洞門を開通し、老僧の命のあるうちに其の志を遂げさせると共に、我々もあのくさり戸を渡る難儀《ぎ》をのがれようではないかと相談して、其の方法をも取りきめた。

其の後は老僧と共に洞穴の中でのみを振るふ者もあり、費用を喜捨する者もあつて、仕事は大いにはかどつて來た。しかし人は物にうみ易い。かうして又幾年か過すうちに、村の人々は此の仕事にあきて來た。手傳をする者が一人へり二人へりして、はては又村人全體が此の老僧から離れるやうになつた。

けれども老僧は更にとんぢやくしない。彼の初一念は年と共に益〻固く、時には夜半までも薄暗い燈を便りに、經文をとなへながら一心にのみを振るふことさへあつた。

老僧の終始一貫した根氣は、遂に村の人々を恥ぢさせたものか、仕事を助ける者がまたぼつ〳〵と出來て來た。かうして、老僧が始めてのみを此の絶壁に下してからちやうど三十年目に、彼が一生をさゝげた大工事がみごとに出来上つた。洞門の長さは實に百餘間に及び、川に面した方には處々にあかり取りの窓さへうがつてある。

今では此の洞門を掘りひろげ、處々に手を加へて舊態《きゆうたい》を改めてはゐるが、一部は尚昔の面目を留めて、禪海一生の苦心を永久に物語つてゐる。

〈国語読本巻十二　第二十一課〉

いずれも世のため人のため、後世の人のためをも思って、力を尽くす話である。

「青の洞門」は広く知られているけれども、実際の場所は大分県にある。観光地になっているから、訪れたことのある人もいるだろう。生涯をかけて岩を掘ったり、一切経の刊行に執念を燃やして実現する話は、子どもたちの胸に必ず響く。

戦後、「個人が利益を追求するのはよいこと」「個人の利益が侵されるのは悪いこと」という考えが蔓延してしまったために「人のために努力する」ことの大切さが忘れられてしまった。今、エリートと呼ばれる人たちは、持てる能力を自分のためだけに使って当然だと思っているフシもある。

家族とは、当然のことながら、社会を構成する最小の共同体である。家族主義をたたきつぶしてしまったために、得をするのは「個人」であって、「共同体」

や「社会」であってはならないという風潮になってしまった。

だが、東日本大震災以降、「絆」という言葉が広く使われるようになり、誰かのために何かをすることの素晴らしさを、日本人は思い出しつつある。家族の大切さも、以前よりずっと顧みられるようになってきたと思う。

そういう時期となった今だからこそ、「公《おおやけ》のために頑張る」という人材を育てる教科書がなくてはならないと思う。

つまり「共同体」の存続に大切なことが、ゾルレン（当為）である。こうあるべきという実例が物語としてたくさん教科書に載っていた。これは次章で子細に見ていくことにしよう。

第四章

あるべき日本人の姿を学ぶ

◆こうあるべきという実例を学ぶ

前章で述べたように、一年生はまずザイン（存在）を表わす言葉から習った。事実や現実を「あるがままに認めなさい」と教わったのだ。

その次の段階で教わるのは、「こうあるべきです」というゾルレン（当為）である。

親孝行をしましょう。仕事はきちんと最後までやりとげましょう。そして身を立て、名を挙げましょう。人望がある人になりなさい。――などなど、人間としての姿を、実例を挙げながら教えた。そこには二宮金次郎、陶工柿右衛門《かきえもん》、加藤《かとう》清正《きよまさ》、間宮林蔵《まみやりんぞう》といった日本人だけでなく、ナイチンゲール、ダーウィン、エジソンといった外国の偉人も登場している。

昔の小学校には、薪《まき》を背負って歩きながら本を読んで勉強する二宮金次郎の銅像があって、刻苦勉励する少年の姿はみんなが知っていた。三年生の修身の教科書には、薪の話とはまた違う、孝行についての逸話が載っている。

かうかう

二宮金次郎《にのみやきんじらう》は、家が大そうびんぼふであつたので、小さい時から、父母の手だすけをしました。

金次郎が十四の時父がなくなりました。母はくらしにこまつて、すゑの子をしんるゐへあづけましたが、その子のことをしんぱいしてまいばんよくねむりませんでした。金次郎は母の心を思ひやつて、「私が一しやうけんめいにはたらきますから、おとうとをつれもどして下さい。」といひました。母はよろこんでそのばんすぐにしんるゐの家へ行つて、

あづけた子をつれてかへり、おや子いつしよにあつまってよろこびあひました。
孝《カウ》ハ徳《トク》ノハジメ。

〈修身三年生　第三課〉

「『こうあるべき』ということを、子どものころから本当に実践した人がいます、そして世のため人のために働いた偉い人になりました」と教えた。約束を守ること、努力を惜しまないことなど、ゾルレンの大切さを学ぶのだ。

もちろん、歴史上の偉人ばかりではない。転校生という身近な題材も登場する。三年生で学ぶ国語の教科書には「中村君」という話が載っている。

中村君

四月四日の朝、當番《とうばん》で僕が机の上をふいてゐると、先生が知らない生徒を一人つれてお出でになりました。

「ここがあなたの教室です。せきはあれにします。」

といつて、此の間からあいてゐたせきをおさしになりました。さうして「山田さん」とおよびになりましたから、「はい」と答へますと、

「此の方は中村さんといふ人で、今度遠い所から來て、今日から此の級へはいる方です。」

とおつしやいました。又中村君には、

「これは級長の山田さんです。分らないことは此の方におききなさい。」

とおつしやいました。私ども二人はていねいにおじぎをしました。

中村君は色が黒くて、まるまると太つてゐます。氣がさつぱりしてゐて、二三

日たつと、前からの友だちのやうになりました。

中村君がこれまで居た所は日本の南の方で、冬でもめつたに雪のふることがなく、うめやさくらも、こちらよりはずつと早くさくさうです。何でも汽車に二日二ばん乗通しで、こちらへ着いたのださうですから、何百里かはなれてゐるのでせう。こちらは今さくらのさかりですが、あちらでは、もうとうにちつてしまつたさうです。

ある日、僕がうんどう場へ出て見ると、中村君が泣いてゐました。聞けば級のものが二三人で、中村君を生《なま》いきだといつて、いぢめたのださうです。

僕は
「君、しつかりしたまへ。日本の男は泣くものではない。」

といつて、力をつけてやりました。中村君は學問もよく出來るし、うんどうも上手です。僕は自分よりえらい友だちを大ぜいしていぢめるのは、男らしくないと思ひます。

〈国語読本巻五　第二課〉

ここで級長の山田君が偉かったのは、「いじめられてかわいそうだね」と同情するだけではなく、「男だから泣くな」と教え諭したところだと、読み取らせたのだろう。転校生である中村君、級長の山田君、転校生を受け入れるクラスの面々、それぞれの立場になって、どうあるべきかを考えさせたに違いない。

◆先人たちの努力によって国土がある

努力の末に困難を乗り越えて成功した物語も、学年が進むとともに、世界情勢に関連する題材が登場する。六年生の国語には、樺太《からふと》が島であることを発見した江戸時代の探検家、間宮林蔵《まみやりんぞう》が紹介されている。先住民族の力も借りて、樺太が大陸の一部か否かを確かめたエピソードの一部始終が描かれている。

間宮林蔵

樺太《からふと》は大陸の地續なりや、又は離れ島なりや、世界の人は久しく之を疑問としたりき。然るに其の實際を調査して此の疑問を解決したる人、遂に我が日本人の中より現れぬ。間宮林蔵これなり。

今より百二十年ばかり前、即ち文化五年の四月に、林蔵は幕府の命によつて、松田《まつだ》傳十郎《でんじゆうろう》と共に樺太の海岸を探檢せり。樺太が離れ島にして大陸の地續にあらざることは、此の探檢によりて略〻知ることを得たれども、更によく之を確めんがために、同年七月林蔵は單身にてまた樺太におもむけり。

先づ樺太の南端なる白主《しらぬし》といふ處に渡り、此處にて土人を雇ひて従者となし、小舟に乘じていよ〳〵探檢の途に上りぬ。それより一年ばかりの間、風波をしのぎ、飢《き》寒と戰ひ、非常なる困難ををかして樺太の北端に近きナニヲーといふ處にたどり着きたり。これより北は波荒くして舟を進むべくもあらず、山を越えて東海岸に出でんとすれば、従者の土人等ゆくての危険を恐れて従ふことをがへんぜず。止むなく南方のノテトといふ處に引返し、酋長《しう》コーニの宅に留りてしばらく時機の至るを待ちぬ。

網をすき、舟を漕ぎ、漁業の手傳などして土人に親しみ、さてさま〴〵の物語を聞くに、對岸の大陸に渡りて其の地の模様を探るは、かへつて目的を達するに便なることを知りぬ。たま〴〵コーニが交易のため大陸に渡らんとするに際し、

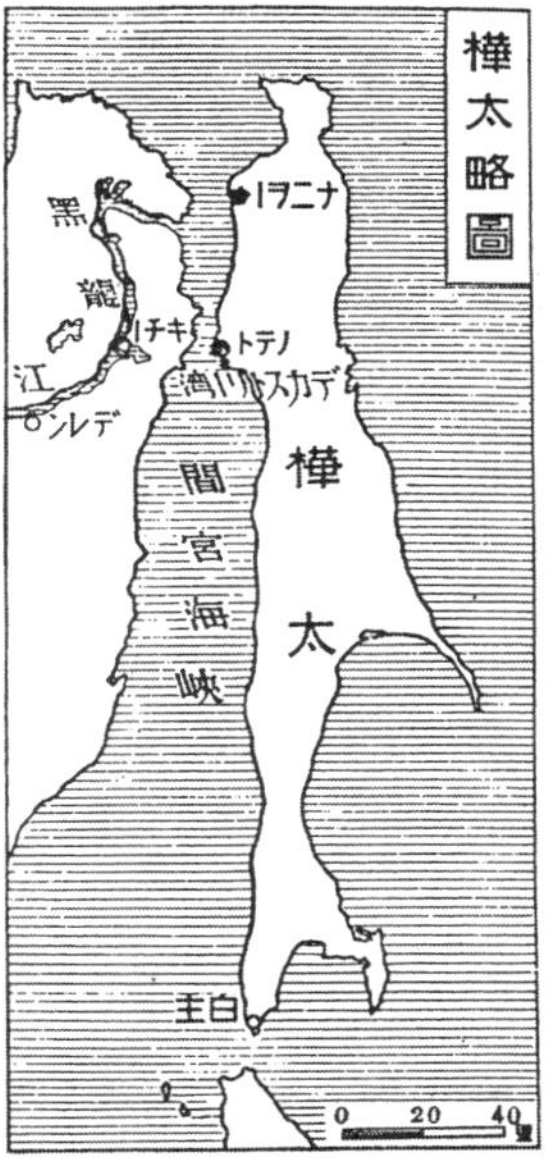

林藏は好機至れりとひそかに喜びて、切に己をともなはんことを求む。コーニは「容貌《ばう》の異なる汝が彼の地に行かば、必ずや人に怪しまれ、なぶりものにせられて、或は命も危か

るべし。」とて、しきりに止むれども林蔵きかず、遂に同行することに決せり。

出發の日近づくや、林蔵はこれまでの記録一切を取りまとめ、之を從者に渡していふやう、「我若《も》し彼の地にて死したりと聞かば、汝必ず之を白主に持歸りて日本の役所に差出すべし。」と。

文化六年六月の末、コーニ・林蔵等の一行八人は、小舟に乗じて今の間宮海峽《けふ》を横ぎり、デカストリー灣の北に上陸したり。それより山を越え、河を下り、湖を渡りて黒龍《こくりゆう》江の河岸なるキチーに出づ。其の間、山にさしかゝれば舟を引きて之を越え、河・湖に出づればまた舟を浮べて進む。夜は野宿すること少からず。木の枝を伐りて地上に立て、上を木の皮にておほひ、八人一所にうづくまりて僅かに雨露をしのぐ。

キチーにて土人の家に宿る。土人等林蔵を珍しがりて之を他の家に連行き、大勢にて取圍みながら、或は抱き或は懷を探り、或は手足をもてあそびなどす。やがて酒食を出したれども、林蔵は其の心をはかりかねて顧みず。土人等怒りて林蔵の頭を打ち、强ひて酒を飲ましめんとす。折よく同行の樺太人來りて土人等を叱し、林藏を救ひ出しぬ。

翌日此の地を去り、河をさかのぼること五日、遂に目的地なるデレンに着せり。デレンは各地の人々來り集りて交易をなす處なり。林藏の怪しみもてあそばるゝこと、此處にては更に甚だしかりしが、かゝる中にありても、彼は土地の事情を研究することを怠らざりき。

コーニ等の交易は七日にして終りぬ。歸途一行は黒龍江を下りて河口に達し、海を航してノテトに歸れり。此處にて林藏はコーニ等に別れを告げ、同年九月の半ば、白主に歸着しぬ。

林藏が二回の探檢によりて、樺太は大陸の一部にあらざること明白となりしのみならず、此の地方の事情も始めて我が國に知らるゝに至れり。

〈国語読本巻十二　第十七課〉


ここでは触れられていないが、豊臣秀吉《とよとみひでよし》の時代、十六世紀から樺太は日本の支配下にあり、先住民族であるアイヌの保護も行なわれていた。ところが十九世紀になると、ロシアとの間で、領土を巡る争いが起こる。日本地図を作った伊能忠敬《いのうただたか》から測量技術を学んでいた探検家間宮林蔵は、徳川幕府の命で、北蝦夷地《きたえぞち》と呼ばれていた樺太を探検して地図を作ったのだ。

だが日本とロシアの間で、樺太に国境を画定することはできず、江戸時代末期の幕府は両国の住人が混住することを受諾していた。

その後、明治政府は樺太・千島《ちしま》交換条約によって、樺太の領有権を放棄し、全島がロシア領になったのだが、日露戦争に勝利し、ポーツマス条約の締結によって北緯五〇度以南が日本の領土となったのだ。

こうした背景を、小学生にどこまで教えていたかは定かではない。しかし、日本は四方を海で隔てられているとはいえ、外国とのせめぎ合いの中で暮らしているので、先人たちの努力があって今の国土の姿があることを、国語という教科の中で教えていた。つまり、日本人の常識として領土のことは知っておくべきことだったと考えていいだろう。

外国と仲良くしなくてはいけない、しかし主張することはきちんと主張する。国際的な視野を持つとはそういうことだ。これは今も昔も変わらない。

◆「人類への貢献」がテーマとなった時代

人間としてこうあるべき、というゾルレンのモデルには、身近な日本人である二宮金次郎のほか、ナイチンゲールやエジソンといった外国の偉人も多数登場する。

こうした人選や題材の選び方が、「人類への貢献」という視点でまとめてあるところに、大正時代の教科書の大きな特長がある。昔の日本は国際化していたのだなと、感嘆せずにはいられない。間宮林蔵の話も、樺太が大陸と地続きなのか島なのか、世界中が久しく疑問に思っていたことを解決したことが真っ先に記されていた。

日本人がいかに人類に貢献するか、できるかということが大きなテーマになったのが、この大正期、国際連盟時代だった。

敵味方を問わず負傷兵の看護をしたナイチンゲールが取り上げられているのも、人類への貢献という観点で見れば、これ以上の人選はない。ナイチンゲールは、彼女が少女だったころのエピソードとともに教科書に登場している。

生き物をあはれめ

ナイチンゲールはイギリスの大地主《ぢぬし》のむすめで小さい時からなさけ深い人でございました。父が使つてゐた羊かひに一人の老人があつて、犬を一匹かつてゐました。或時その犬が足をいためて苦しんでゐました。その時ナイチンゲールは、年とつた僧と一しよに通りあはせて、それを見つけ、大そうかはいさうに思ひました。そこで僧にたづねた上、湯できず口を洗ひ、ほうたいをしてやりました。

あくる日もまた行つて、手あてをしてやりました。

それから二三日たつて、ナイチンゲールは羊かひのところへ行きました。犬はきずがなほつたと見えて、羊の番をしてゐましたが、ナイチンゲールを見ると、うれしさうに尾をふりました。羊かひは「もしこの犬が物がいへたら、さぞ厚くお禮をいふでありませう。」といひました。

〈修身四年生　第二十課〉

博愛《はくあい》

ナイチンゲールが三十四歳のころ、クリミヤ戰役《せんえき》といふいくさがありました。戰がはげしかつた上に、悪い病氣がはやつたので、負傷《ふしやう》兵や病兵がたくさんに出來ましたが、いしやもかんごをする人も少いために、大そうなんぎをしました。ナイチンゲールはそれを聞いて、大ぜいの女を引きつれて、はる〴〵戰地へ出かけ、かんごの事に骨折りました。ナイチンゲールはあまりひどくはたらいて病氣になつたので、人が皆國に歸ることをすゝめましたけれども、きゝ入れないで、病氣がなほると、又力をつくして傷病兵のかんごをいたしました。戰爭がすんでイギリスへ歸

った時、ナイチンゲールは女帝《ぢよてい》に、はいえつをゆるされ、厚いおほめにあづかりました。又人々もその博愛の心の深いことにかんしんしました。

〈修身四年生　第二十一課〉

ナイチンゲールが戦場に赴《おもむ》いたのは、ロシアとオスマン帝国（トルコ）、フランス、イギリスなどの連合軍が戦ったクリミア戦争（一八五三〜五六年）である。激しい戦闘によって負傷した兵士が、ろくな手当も受けず不衛生な場所で死んでいくことがイギリスで報道されると、ナイチンゲールは看護師として従軍を志願する。

当時、イギリスで地方を束ねていたのは教会だったから、看護師の派遣にしても戦地での看護にしても、教会単位、村単位の地域共同体が差配していた。そうした中で、豊かな地方地主の出身でいわゆる上流階級だったナイチンゲールは、三八人の看護師を率いて村や教会にとらわれずに看護活動に献身したのだった。

教科書には「あまりひどくはたらいて病氣になつたので」とあるけれども、実際のところは過労がたたって、心臓発作で倒れたのだ。そのため、戦場から帰ってきてからの約五〇年間は、ほとんど寝たきりのような状態だったらしいが、著作活動を通じて、近代的な看護や病院の衛生といった分野を開拓したのである。

◆「知」を一変させた科学の成果

進化論を提唱したダーウィンが国語の教科書に登場しているのも面白い。もっとも、進化論そのものではなく、少年時代のエピソードに始まって、進化論のヒントを発見するあたりを中心に書かれているのだが、科学が過去一〇〇年ほどで急速に発達した点に触れていることも読み取れる。

チャールス、ダーウィン

チャールス、ダーウィンは今から百年餘り前イギリスに生れた。ごく小さい時分から動植物に深い趣味を持ち、又物を集めることがすきで、貝殼《がら》や鑛石などを室内に並べては一人で樂しんでゐた。

九歳の時始めて學校にはいつたが、餘りすばしこい生れつきでなかつたので、先生にもむしろ中以下の生徒と思はれてゐた。又父には

「お前のやうに犬の世話やねずみを取ることにばかり熱心では困るではないか。」

といつて叱られたことがあつた。

十歳の頃には昆《こん》蟲採集を始めた。又いろ〳〵の鳥を注意して見ると、それ〴〵違つた面白い習性をもつてゐるので、見れば見る程興味がわき、人はなぜみんな鳥類の研究をしないだらうと不思議に思ふやうになつた。

父はダーウィンを醫者《いしや》にしようと思つて大學へやつた。温順な彼は父の命に從つて勉強してゐたが、何時の間にか好きな博物學の研究が主となつてしまつた。

此の頃のことであつた。或日彼が古木の皮をむくと、珍しい甲蟲が二匹ゐた。早速兩手に一匹づつつかむと、又一匹變つたのが見えた。これも逃しては大變と、いきなり右の手の蟲を口の中へ投込んだ。投込まれた蟲は苦しまぎれに恐しく辛い液《えき》を出したので、思はず吐出すと、蟲は得たりと逃げてしまつた。此の時にはもう三番目の蟲はどこへ行つたかわからなかつた。

彼が探検船ビーグル號に乗込んで意氣揚々と本國を出發したのは、二十三歳の時である。かくて世界の各地をめぐつて、歡喜の眼を輝かしながら、博物學や地質學の實地研究につとめ、種々の材料を集めて本國に歸つたのはそれから五年の後である。此の航海によつて彼の博物學者としての基礎《そ》が十分に出來、一生の方針がはつきりときまつた。
ダーウィンは興味を覺えると、あくまでそれにこる性質で、一度何かをし始めたら、滿足な結果を得るまでは決して中途でやめなかつた。しかも日常生活は極めて規則正しく、毎日きめた時間割通りに仕事を進めて、たとへ十分、十五分の餘暇《よか》でも無益に費すことがなかつた。
ダーウィンの後半生は病氣がちであつたが、此の規則正しい生活とふだんの養生とによつて、七十四歳の長壽《じゅ》を保つことが出來た。さうして廣く動植物を研究して、生物は總《す》べて長年月の間には次第に變化し、下等なものから高等なものへと進むものであるといふことを證明した。これが有名な進化論で、學界を根本から動かしたものである。

〈国語読本巻十二　第三課〉

キリスト教社会では動物と人間は、はっきりと別のものだ。創造主である神が作ったとされているのだから、人間は猿と共通の祖先から進化してきたなどという説は、受け入れるわけにはいかない。二十一世紀の今日でさえ、アメリカではプロテスタントの一部に進化論を否定する人々がいる。カトリックでは、一九九六年になってようやくローマ教皇が肉体の進化を認めている。ただしあくまでも進化してきたのは肉体であって、人間の魂は神に創造されたものという立場だ。

二十世紀初頭の大正時代は、まだまだ進化論の黎明期《れいめいき》で、なぜ進化が起こるのか、そもそも進化とは進歩向上する方向への変化なのかといったことはわかっていなかった。国語の教科書でも、人類の知識を大きく変えた科学の成果といった位置づけだが、子どもたちの興味を惹《ひ》いたことは間違いない。

ナイチンゲールにせよ、ダーウィンにせよ、こうした背景まで大正時代に教えたかどうかはわからない。ただ、尋常小学校の先生には副読本があった。文部省が発行する先生用の参考書である。尋常小学校の先生は、五年制の師範学校を卒業して教職に就いたから、先生になるのは十九歳くらいだろう。当然、若くて未熟なところもあるから、教科書の題材について深く解説したり、指導の要点を示す参考書が用意されていたのだ。

◆先生が尊敬されていた

副読本の元になっているのは高等師範学校の教科書だった。高等師範学校というのは中学校の教師を養成する学校で、東京と広島にあった。後に東京文理科大学、広島文理科大学となって、日本に二つだけある文理科大学として教育界をリードした。なおこの二校は現在、筑波大学と広島大学になっている。また女子高等師範学校が東京と奈良にあって、こちらはお茶の水女子大学と奈良女子大学になっている。

高等師範学校の教科書はかなりレベルの高いものだったから、副読本にもしかるべき本格的なものがあった。もっとも文部省の国定教科書だから、天皇を讃える内容になっている。しかし大正時代には、いろいろな先生が少し違うことも言っている。

津田左右吉《つだそうきち》のように、『古事記』や『日本書紀』の神話は歴史的事実とは違うのではないかといった主張も出てきた。だから副読本では「『平家物語』にはこう書かれている。『太平記』の記述はこうである。だが史実かどうかは不明である」などという書きかたがされていた。あとは学校の先生が適宜に考えて教えなさいということになる。それだけ現場の先生に大きな裁量があったということだ。先生という存在自体、尊敬すべき職業だったし、事実、とても尊敬されていたから、そういうことが可能だった。

最近の学校は、利己的な要求をするモンスター・ペアレント（ツ、と複数形で両親ともモンスターということも少なくないと聞く）に手を焼いているようだが、戦後教育を受けて育った親が、めちゃくちゃないちゃもんもつけるのである。

戦前にも手前勝手なことを要求したい親はいただろうが、学校はそれをちゃんと追い払っていた。小学校であっても学校は、俗世間とは違う権威を毅然と持っていた。その権威を醸し出していたのが、校門を入ったあたりにあった神社風な小さな建物で、奉安殿《ほうあんでん》と言った。奉安殿には、天皇と皇后の写真（御真影）と教

奉安殿の前では万民が平等だった

四大節（旧制度の四つの祭日）祝賀式典の際には、職員生徒全員で御真影に対して最敬礼を奉り、校長は教育勅語を読み上げた。こうして格差のある俗世間とは違う、平等な教育の世界が作られていた。写真は戦前の小学校の奉安殿。（写真／朝日新聞社）

育勅語を納めてあって、天長節《てんちょうせつ》（天皇誕生日）や紀元節（後の建国記念日）といった特別な日には、校長先生が教育勅語を出してきて皆の前で読み上げ、またそこにしまっていた。

子どもたちも先生も教職員も、奉安殿の前を通るときは頭を下げなくてはいけない。小学校へ来る人も、門のところで天皇陛下の前を通ることになるのだから、頭を下げて通る。天皇陛下の前では皆、平等であって、まさに「権門富貴《けんもんふうき》、この門より入るべからず」で、県知事でも金持ちでも、教育の世界には関係ないことだという先生たちのプライドのもとになっていた。

◆将来の日本人のあるべき姿とは

ところで「人類への貢献」が大きなテーマとして、教科書にしっかりと取り上げられたのは、後にも先にもこの国際連盟時代だけである。

戦後の教科書に意気地がまったく感じられないのは、国際的に孤立しないことだけ、外国から文句を言われて嫌われないようにすることだけに汲々《きゅうきゅう》としているからだ。ご存じの通り、中国や韓国から文句を言われると、それが史実と異なっても毅然《きぜん》と反論せずにひれ伏しているのが文部科学省の対応だ。

積極的に国際組織や国際間の枠組みに参加して人類に貢献しよう、引っ張っていこうという将来の日本人のあるべき姿を、文部科学省が教科書に盛り込んでいこうとしているようには思えない。大局的な方針を定め、政策立案して実行していく官庁には優秀な学生が集まり、一流官庁と呼ばれるが、その意気込みと覚悟がなくては、二流の汚名をすすぐことはできないのである。

安倍総理には、そうした意気込みや覚悟が備わっているように思う。次世代の日本人から、人類に貢献できる人材を輩出できるような教科書を、是が非でも復活してもらいたいと念じている。

日本人として、人間としてのあるべき姿は、大正も昭和も平成も同じである。

事実、地震の後の津波からいち早く避難することの大切さと、人助けのための犠牲的精神の発揮を説いた「稲むらの火」は、二〇一一（平成二十三）年度から、再び小学校の教科書に採用されている。

以下は国民学校の国語教科書に載った「稲むらの火」である。

稲むらの火

「これは、ただごとでない。」

とつぶやきながら、五兵衛は家から出て來た。今の地震は、別に激しいといふほどのものではなかつた。しかし、長い、ゆつたりとしたゆれ方と、うなるやうな地鳴りとは、年取つた五兵衛に、今まで經驗したことのない、無氣味なものであつた。

五兵衛は、自分の家の庭から、心配さうに下の村を見おろした。村では豐年《ほうねん》を祝ふよひ祭の支度に心を取られて、さつきの地震には、一向氣がつかないもののやうである。

村から海へ移した五兵衛の目は、たちまちそこに吸ひつけられてしまつた。風とは反對に、波が沖へ沖へと動いて、見る見る海岸には、廣い砂原や、黒い岩底が現れて來た。

「大變だ。津波《つなみ》がやつて來るに違ひない。」と、五兵衛は思つた。このままにしておいたら、四百の命が、村もろとも一のみにやられてしまふ。もう一刻もぐづぐづしてはゐられない。

「よし。」

と叫んで、家へかけ込んだ五兵衛は、大きなたいまつを持つてとび出して來た。そこには、取り入れるばかりになつてゐる、たくさんの稲束が積んである。

「もつたいないが、これで村中の命が救へるのだ。」

と五兵衛は、いきなりその稲むらの一つに火を移した。風にあふられて、火の手がぱつとあがつた。一つまた一つ、五兵衛はむちゆうで走つた。かうして、自分の田のすべての稲むらに火をつけてしまふと、たいまつを捨てた。まるで失神したやうに、かれはそこに突つ立つたまま、沖の方を眺めてゐた。

日はすでに沒して、あたりがだんだん薄暗くなつて來た。稲むらの火は、天をこがした。山寺では、この火を見て早鐘《はやがね》をつき出した。

「火事だ。莊屋《しやうや》さんの家だ。」

と、村の若い者は、急いで山手へかけ出した。續いて、老人も、女も、子どもも、若者のあとを追ふやうにかけ出した。

高臺《たかだい》から見おろしてゐる五兵衛の目には、それが蟻《あり》の歩みのやうにもどかしく思はれた。やつと二十人ほどの若者が、かけあがつて來た。かれらは、すぐ火を消しにかからうとする。五兵衛は、大聲にいつた。

「うつちやつておけ——大變だ。村中の人に來てもらふんだ。」

村中の人は、おひおひ集つて來た。五兵衛は、あとからあとからのぼつて來る老幼男女を、一人一人數へた。集つて來た人々は、もえてゐる稲むらと五兵衛の顔とを、代る代る見くらべた。

その時、五兵衛は、力いつぱいの聲で叫んだ。

「見ろ。やつて來たぞ。」

たそがれの薄明かりをすかして、五兵衛の指さす方を一同は見た。遠く海の端に、細い、暗い、一筋の線が見えた。その線は、見る見る太くなつた。廣くなつた。非常な速さで押し寄せて來た。

「津波だ。」

と、だれかが叫んだ。海水が、絶壁のやうに目の前にせまつたと思ふと、山がのしかかつて來たやうな重さと、百雷の一時に落ちたやうなとどろきとで陸にぶつかつた。人々は、われを忘れて後へとびのいた。雲のやうに山手へ突進して來た水煙のほかは、一時何物も見えなかつた。

人々は、自分らの村の上を荒れくるつて通る、白い、恐しい海を見た。二度三度、村の上を、海は進みまた退いた。

高臺では、しばらく何の話し聲もなかつた。一同は、波にゑぐり取られてあとかたもなくなつた村を、ただあきれて見おろしてゐた。

稲むらの火は、風にあふられてまたもえあがり、夕やみに包まれたあたりを明かるくした。始めてわれにかへつた村人は、この火によつて救はれたのだと氣がつくと、ただだまつて、五兵衛の前にひざまづいてしまつた。

〈国語読本巻六　第四課〉

◆人間としての品格

いざというとき、あるいは逆境での振る舞いに、人間としての品格が表われる。のみならず、平時の日常であっても、自分の役割をしっかりと果たすことが大切だ。そんなゾルレンの実例と言える二編を挙げておこう。

老社長

僕は今日學校から歸るとすぐ、おとうさんのお手紙を持つて、精米會社へお使に行つて來ました。會社では幾臺もある精米機械が電力で勢よく廻り、四五人の若い人々がぬかだらけになつて働いてゐました。社長さんは餘程の年よりらしいが、にこにこしてゐる元氣な方です。僕は何となくえらさうな人だと思ひました。

お返事をお渡しした後で、おとうさんに

「あの精米會社の社長さんはえらい方なんでせう。」

と言ふと、おとうさんは

「お前にもさう見えるかね。」

とおつしやつて、あの方の小さい時分からのお話をして下さいました。

「あの社長さんはもと上方《かみがた》の人で、此の町へ始めて奉公に來たのは、ちやうどお前と同じ十二の年だつたさうだ。主人の家が大きな醬油《しやうゆ》屋だつたので、始は近在の小賣店へ、毎日々々、降つても照つても、おろしに歩き廻つたものださうだが、其のつらさはとてもお前たちにわかるものではない。十年餘りもしんばうして、やう〳〵一人前の番頭になり、それから又長い間忠實に勤めて、三十ぐらゐの時、年來の貯金と主人からもらつた金を資本にして、小さい米屋を始めた。さて商賣を始めると、あの人ならといふ信用はあるし、それにわき目もふらず働くので、店はだんだん繁昌して、十年もたゝぬ中に、町でも屈指の財産家となつた。さうして人々に推されて、町の銀行の頭取になつた。それはわたしの十五六の時分だつたらう。うちのおぢいさんはあの人とは前から友だちだつたので、よく其の話をなすつては、大へんほめていらつしやつたものだ。」

「ほんたうにえらい人ですね。」

「いや、これから先があの人のほんたうにえらい所だ。」

おとうさんはすぐ言葉をついで、

「社長さんが銀行の頭取になつてからちやうど十年目の秋、いろ〳〵の手違から、銀行が破産しなければならぬ事になつた。世間にはこんな場合に、なるたけ自分の負擔《ふたん》を輕くしようとする者もあるが、あの人は反對に、少しでも他人の負擔を輕くしようとして、自分の財産を殘らず差出した。さうして全く無一物になつて、親子三人町外れの裏長屋に移つてしまつた。けれども社長さんは、それを少しも苦にしないで、『なあに、もう一度出直すのです。』といつて、笑つてゐた。

社長さんは早速荷車を一臺借りて來て、醬油のはかり賣を始めた。町の人々は之を見かねて、『そんな事までなさらなくても。』といつて、資本を出さうとする者もあつたが、社長さんは、『自分の力でやれる所までやつてみます。』といつて、夜を日についで働いた。人々の同情は集つてゐるし、商賣の仕方は十分心得てゐるので、毎朝引いて出た荷が、夕方には必ず空になるといふ景氣。それにあの人の事だから、決してあせらず、一軒二軒と得意先をまして行つて、後には表通へ店を出すまでになつた。それからだん〳〵商賣の手を廣げて、六十五六の時にはもう餘程の財産が出來た。そこで間もなく片手間に精米所を始め、追々に大きくして、あんなりつぱな會社にしたのだ。全くあんな人は珍しい。」

とお話しになりました。僕は今日其のえらい社長さんに會つて來たのだと思ふと、何となくうれしい氣がしました。

〈国語読本巻九　第十三課〉

小さなねぢ

暗い箱の中にしまひ込まれてゐた小さな鐵《てつ》のねぢが、不意にピンセットにはさまれて、明るい處へ出された。ねぢは驚いてあたりを見廻したが、いろ〳〵の物音、いろいろの物の形がごた〳〵と耳にはいり目にはいるばかりで、何が何やらさつぱりわからなかつた。

しかしだん〳〵落着いて見ると、此處《ここ》は時計屋の店であることがわかつた。自分の置かれたのは、仕事臺の上に乗つてゐる小さなふたガラスの中で、そばには小さな心棒や歯《は》車やぜんまいなどが並んでゐる。きりやねぢ廻しやピンセットや小さな槌《つち》やさま〲の道具も、同じ臺の上に横たはつてゐる。周圍の壁やガラス戸棚には、いろ〱な時計がたくさん並んでゐる。かち〱と氣ぜはしいのは置時計で、かつたり〱と大やうなのは柱時計である。

ねぢは、これ等の道具や時計をあれこれと見比べて、あれは何の役に立つのであらう、これはどんな處に置かれるのであらうなどと考へてゐる中に、ふと自分の身の上に考へ及んだ。

「自分は何といふ小さい情ない者であらう。あのいろいろの道具、たくさんの時計、形も大きさもそれ〲違つてはゐるが、どれを見ても自分よりは大きく、自分よりはえらさうである。一かどの役目を勤めて世間の役に立つのに、どれもこれも不足は無ささうである。唯自分だけが此のやうに小さくて、何の役にも立ちさうにない。あゝ、何といふ情ない身の上であらう。」

不意にばた〱と音がして、小さな子どもが二人奥からかけ出して來た。男の子と女の子である。二人は其處《そこ》らを見廻してゐたが、男の子はやがて仕事臺の上の物をあれこれといぢり始めた。女の子は唯じつと見まもつてゐたが、やがてか

の小さなねぢを見附けて、

「まあ、かはいゝねぢ。」

男の子は指先でそれをつままうとしたが、餘り小さいのでつまめなかつた。二度、三度。やつとつまんだと思ふと直に落してしまつた。子どもは思はず顏を見合はせた。ねぢは仕事臺の脚《あし》の陰にころがつた。

此の時大きなせきばらひが聞えて、父の時計師がはいつて來た。時計師は

「此處で遊んではいけない。」

といひながら仕事臺の上を見て、出して置いたねぢの無いのに氣が附いた。

「ねぢが無い。誰だ、仕事臺の上をかき廻したのは。あゝいふねぢはもう無くなつて、あれ一つしか無いのだ。あれが無いと町長さんの懷《くわい》中時計が直せない。探せ、探せ。」

ねぢは之を聞いて、飛上るやうにうれしかつた。それでは自分のやうな小さな者でも役に立つことがあるのかしらと、夢中になつて喜んだが、此のやうな處にころげ落ちてしまつて、若し見附からなかつたらと、それが又心配になつて來

た。

親子は總掛りで探し始めた。ねぢは「此處に居ます。」と叫びたくてたまらないが、口がきけない。三人はさん〲探し廻つて見附からないのでがつかりした。ねぢもがつかりした。

其の時、今まで雲の中に居た太陽が顔を出したので、日光が店一ぱいにさし込んで來た。するとねぢが其の光線を受けてぴかりと光つた。仕事臺のそばに、ふさぎこんで下を見つめてゐた女の子がそれを見附けて、思はず「あら。」と叫んだ。

父も喜んだ、子どもも喜んだ。しかも一番喜んだのはねぢであつた。

時計師は早速ピンセットでねぢをはさみ上げて、大事さうにもとのふたガラスの中へ入れた。さうして一つの懷中時計を出してそれをいぢつてゐたが、やがてピンセットでねぢをはさんで機械の穴にさし込み、小さなねぢ廻しでしつかりとしめた。

龍頭《りうづ》を廻すと、今まで死んだやうになつてゐた懷中時計が、忽ち愉《ゆ》快さうにかち〳〵と音を立て始めた。ねぢは、自分が此處に位置を占めたために、此の時計全體が再び活動することが出來たのだと思ふと、うれしくてうれしくてたまらなかつた。時計師は仕上げた時計をちよつと耳に當ててから、ガラスの戸棚の中につり下げた。

一日おいて町長さんが來た。

「時計は直りましたか。」

「直りました。ねぢが一本いたんでゐましたから、取りかへて置きました。工合の悪いのは其の爲でした。」

といつて渡した。ねぢは、

「自分もほんたうに役に立つてゐるのだ。」

と心から満足した。

〈国語読本巻十二　第十二課〉

◆修身とはセルフコントロール

「こうあるべき」というゾルレンは、思想、道徳の領域だから、修身で教えることが多かった。修身とは、正直、寛容、勤勉、忍耐など人間としての徳目とともに忠君愛国を学ぶ教科である。戦後GHQから軍国主義教育の根本のように目されて、廃止されてしまったが、本来は読んで字のごとく「身を修める」こと、自らを律する力を身につけましょうということだ。すなわち、セルフコントロールである。

「ルールを守る」といった行動の規範を身につけるだけでなく、自ら決めて守ること、個を律することが重視された。日本国民の常識として、それを学んだ。

修身という言葉の出典はといえば、ご存じの方も多いだろうが、四書五経として知られる『大学』にある「修身斉家治国平天下《しゅうしんせいかちこくへいてんか》」だ。

身を修め、家を斉《ととの》える。国は治まり、天下を平和にする。すなわち世界平和である。自らを律することができる人間になることで、共同体も自然にまとまる。誰が強いわけでもなく国が治まり、世界平和がもたらされる。そんな意味が込められた教科だったのである。

そんな趣旨をわかっていれば、会社に勤めても、自営業になっても立派にやっていけた。政治家になり、大臣にまでなっても、自分を律するところから治国、天下を平らかにするまでひとつながりに考えることができた。理屈ではなく、倫理道徳として身体に染み込んでいる。だから民主党（二〇一六年三月二七日解散）政権時代の総理大臣のように、思いつきで口から出任せを言ったり、パニックになって怒鳴り散らすだけになるようなデタラメなことは、決してしなかった。

もちろん戦前にも、あまり程度の高くない政治家はたくさんいただろう。だが、周囲が「大臣、それはいけませんよ」と忠告しやすかった。共通の倫理道徳があったからだ。

セルフコントロールに始まる徳目は、国民全体が常識として持っているのが当たり前だった。民度の高さと言い換えてもよい。

◆日本人の琴線《きんせん》に響く物語

こうしたことを全国民に一斉に教えているところが素晴らしかったのだと思う。教科書に載っていたから、誰もがみんな知っているという物語がたくさんあった。

鉢の木

雪の日の夕暮に近き頃、上州《じょうしゅう》佐野《さの》の里に、つかれし足の歩重くたどり着きたる旅僧あり。とあるあばら家の門口に杖を止めて、一夜の宿を貸し給へとこへば、身なりはそまつなれど氣品高き婦人立出でて、

「折あしく主人が留守でございますので。」

とことわりぬ。されど婦人は、氣の毒とや思ひけん、僧をば待たせ置き、おのれ

は主人を迎へにとて外に出行きけり。

折から、たもとの雪を打拂ひ〳〵つゝ、此方へ來かかれるは、此の家の主人なるべし。

「おゝ、降つたは〳〵。世に榮えてゐる人がながめたら、さぞ面白い事であらうが。」

感がいに打沈みてとぼ〳〵と歩を運ぶ。ふと我が妻を見つけて、

「此の大雪に、どうして出かけたのか。」

「旅僧が一夜の宿を頼むとおほせられて、あなたのお歸《かえり》を待つていらつしやいます。」

主人は急ぎて家に歸りぬ。

僧は改めて主人に一宿をこへり。されど主人は、

「御覽の通りの見苦しさ、お氣の毒ながら、とてもお泊め申す事は出來ません。此處から十八町程先に、山本といふ宿場があります。日の暮れない中に、一足も早くお出かけなさい。」

といふに、僧は返す言葉もなくて出行きぬ。

すご〳〵と立去る僧の後影を見送りたる妻は、やがて夫に向ひて、

「あゝ、おいたはしいお姿。とても明るいうちに山本まではお着きになれますまい。

お泊め申してはいかゞでございませう。」

同情深き妻の言葉に、主人はいたく心動きて、

「ではお泊め申さう。此の大雪、まだ遠くは行かれまい。」

主人は僧の後を追ひて外に出でぬ。

「なう〳〵、旅のお方、おもどり下さい。お宿致しませう。」

主人は聲を限りに呼べど、はるかに行過ぎたる僧は、聞えぬにや、ふりかへらず。降積む雪に道を失ひ、進みもやらずたゝずみたる様は、古歌に
駒《こま》とめて袖打拂ふかげもなし
　佐野のわたりの雪の夕暮
といへるにも似たりけり。

からうじて僧をともなひ歸れる主人は、物かげに妻を呼びて、

「お連れ申しはしたが、差上げる物はあらうか。」

「粟飯《あは》ならございますが。」

主人はうちうなづきて出來り、僧に向ひて、

「お宿は致しても、さて何も差上げる物はございません。ちやうど有合はせの粟の飯、召上るならと妻が申してをりますが、いかゞでございませう。」

「それはけつこう、頂きませう。」

やがて運び來れる貧しき膳《ぜん》に向ひ、僧は喜びて箸を取りぬ。

三人はゐろりを圍みて坐せり。ゐろりの火は次第におとろへ行きて、ひまもる夜風はだへをさすが如し。

「だん／＼寒くなつて來たが、あひにく薪《まき》も盡きてしまつた。

さうだ／＼。あの鉢の木をたいて、せめてものおもてなしにしよう。」

とて主人の持來れるは、秘《ひ》藏の梅・松・櫻の鉢植なり。僧は驚きて、

「お志は有難いが、そんなりつぱな鉢の木をたくのは、どうぞ止めて下さい。」

「私はもと鉢の木がすきで、いろ／＼集めた事もありましたが、かう落ちぶれては、それも無用の物好と思ひ、大てい人にやつてしまひました。しかし此の三本だけは、其の頃のかたみとして、大切に殘して置いたのでございますが、今夜は之をたいて、あなたのおもてなしに致しませう。」

主人は三本の鉢の木を切りてゐろりにたきぬ。僧は其の厚意を深く謝し、さて

「失禮ながらお名前を聞かせて頂きたい。」

「いや、名前を申し上げる程の者ではございません。」

主人はけんそんして言はず。僧は重ねて

「お見受け申す所、たゞのお方とも思はれません。是非お明かし下さい。」

「それ程おつしやるなら、恥づかしながら申し上げませう。佐野源左衛門常世《げんざゑもんつねよ》と申して、もとは佐野三十餘郷の領主、それが一族どもに所領を奪はれて、此の通りの始末でございます。」

といひて目をふせしが、主人はやがて語氣を改めて、

「かやうに落ちぶれてはゐるものの、御らん下さい、これに具足一領、長刀一ふり、又あれには馬を一匹つないでもつてをります。唯今にも鎌倉の御大事といふ時は、ちぎれたりとも、此の具足に身を固め、さびたりとも長刀を持ち、やせたりともあの馬にうち乘つて一番にはせ參じ、眞先かけて敵の大軍に割つて入り、これぞと思ふ敵と打合つて、あつぱれてがらを立てるかくご。しかし此のまゝに

日を送つては、唯空しくうゑ死する外はございません。」

一語々々、心の底よりほどばしり出づる主人の物語に、いたく動かされたる旅僧は、兩眼に涙をたゝへて聞きゐたり。

翌朝僧は暇《いとま》をこひて又行くへ知らぬ旅に出でんとす。始は身の上をつゝみ、名貧の恥をつゝまんとして宿をことわりし常世も、一夜の物語にうちとけては、名殘なか〳〵盡きず。今一日留り給へとすゝめて止まざりき。旅僧もまた主人夫婦の情心にしみて、そゞろに別れがたき思あり。されどかくて何時まで留るべき身ぞと、心強くも立去りけり。

降積みし雪もあと無くきえて、山河草木喜にあふるゝ春とはなれり。頃しも鎌倉より、勢ぞろへの沙汰俄に國々に傳はりぬ。常世は、時こそ來れと、やせ馬にむちうつてはせつけたり。やがて命ありて御前に召されぬ。諸國の大名小名きら星の如く並べる中に、常世はちぎれたる具足を着け、さび長刀を横たへ、わるびれたる様もなく、進みて御前にかしこまれば、最明寺《さいみやうじ》入道時頼《ときより》はるかの上座より、

「それなるは佐野源左衛門常世か。これは何時ぞやの大雪に宿を借りた旅僧であるぞ。其の時の言葉にたがはず、眞先かけて参つたは感心の至り。さて一族どもに奪はれた佐野三十餘郷は、理非明らかなるによつて汝に返しあたへる。又寒夜に秘藏の鉢の木を切つてたいた志は、何よりもうれしく思ふぞ。其の返禮として加賀に梅田、越中《ゑつちゆう》に櫻井、上野《かうつけ》に松井田、合はせて三箇所の地を汝に授ける。」

時頼は尚一同に向ひて、

「今度の勢ぞろへに集つた諸侍の中に、訴訟ある者は申し出るがよい。理非を正して裁斷致すであらう。」

一同謹んで承る中に、常世は有難さ身にしみ、喜にみちて御前を退きけりとぞ。

〈国語読本巻十　第十二課〉

大変に格調高い文章だが、これを五年生で習った。古くから日本人の琴線に響く物語である。能の一曲にもあってよく知られている演目だ。

小学校に入り、一年生の学級に入るというのは、非常に喜ばしいことで、子どもたちは感激していた。全国一斉に、満六歳の春に小学一年生になる——つまり自分の家という最小の単位から出て、世の中に連なった、日本人の一員になったという感激があった。

世の中が広くなってみれば、おじいちゃんも、おばあちゃんも、隣のおじさんも、みんな仲間だとわかる。自分が知っている話をみんなも知っていると思うと、広く仲間ができたような気がするが、それが近代化教育、国民化教育だった。

仲間だと思えば、困っている人に親切にするのは当然のことになる。誰もがそうすれば、親切はまわりまわっていつかは自分にも返ってくる。

そういう理想的な共同体を日本はつくってきたのであり、今も続いている。それは教科書と先生が子どもに教えてつくったというより、もっともっと昔から日

本はそうなっていたのである。教科書には古いたとえ話がたくさん出てくること
でもそれがわかる。誰でも探す気になって探せば、善行のたとえ話は町にも会社
にもたくさん見つけることができる。

第五章

人間教育は知・情・意のバランス

◆小さいころは情操教育を主に

尋常小学校の教科は修身・国語・算術・日本歴史・地理・理科・図画・唱歌・体操の九科目（女子は裁縫が加わる）だったが、日本歴史・地理・理科を教わるのは五年生から（女子の裁縫は三年生から）で、それまではとにかく国語が時間数のおよそ半分を占めていた。

国語がすべての学科の中心であることは、第一章で述べたとおりだが、私が注目するのは、三年生までは国語教科書が徹底して情操教育を行なっていた点だ。さまざまな季節の風物や家族や生き物への情愛が題材になっている。

目次からタイトルを挙げてみると、巻二（一年生後半）で「運動会」「菊の花」「夕焼け」「月」「栗拾い」「お正月」「雪だるま」「親牛と子牛」ほか、二五ある単元のうち半分以上が歳時記のようなテーマだったり、感傷的になるような題材である。巻三（二年生前半）では、「うちの子猫」「お花」「わらび取り」「竹の子」「きょうだい」「せみ」「ささ舟」「水鉄砲」「十五夜」といったタイトルが並んでいる。

巻六（三年生後半）になると「キノコ取り」「海」「霜」「鮭」「冬の夜」「氷すべり」「ゾウ」「記念の木」「芽」といったタイトルに加えて「入営した兄から」「入営中の兄へ」「父から」といった、戦前ならではの項目も並んでいるが、戦意高揚を掲げるような内容ではない。それらは家族がお互いを気遣い合う話である。

日本のテレビの画面は、美しいことでは常に世界の先頭を走ってきたが、それは国民が求めていたからである。単なる技術進歩ではない。アメリカのテレビではホーム・ドラマとスポーツが多いが、それだけならブラウン管の大型テレビで十分だった。日本に学んで四季折々の山や川や草花を美しく見ようとすれば、高解像度の液晶やプラズマが開発されるのである。ピカピカの自動車や静かな自動車も、日本の心が世界に教えたものである。

一年生の「サイタ　サイタ　サクラ　ガ　サイタ」に始まって、春になれば「桜の花が満開に咲きました」、秋になれば「紅葉が燃えるようです」という調子で、とくに低学年の間は、花鳥風月と牧歌的で平和な日常の尊さを教える情操教育が中心だった。

五年生になってようやく理科が科目に加わってくるが、理科の教科書の最初がまた桜だった。ただし理科だから、花びらが五枚、ガクが五つで、おしべとめしべがある。咲くのは四月で、花が散ってから葉が伸びるなど箇条書きのデータのようになっていた。

急に様子が変わって、五年生になるとこうも変わるのかと思ったものだ。試験でも、理屈っぽい問題になって、知性や知識を問うようになる。

昔の小学校では「知」「情」「意」の三拍子が揃ってこその教育であり、実際にその三つが身につくようなカリキュラムだった。小学校一、二、三年は情操教育一本やりで、知識や理屈などはまったく歯牙《しが》にもかけない。それは正しいと思う。子どもの頭の中には、まだ論理回路ができあがっていないから、理屈は教えないのが正しい。

ただひたすら「美しいな」「かわいいな」「きれいだな」「かわいそう」といっ

た情感を、しっかりと増やしておく。あるいは家族愛、兄弟愛をはじめとする情愛の温かさや、覚悟は大事なんだなと、「情」の部分で感じることが大切である。それが人づくりの第一歩だった。

曽我兄弟

曽我《そが》兄弟は　兄を十郎、　弟を五郎と　いひました。　十郎が五つ、　五郎が三つの年に、　父は　くどうすけつねに　ころされました。
母は　泣きながら　二人の　子どもに、
「何といふ　くやしい事　だらう。　お前たちが　大きくなつたら、　此の　かたきを　取つておくれ。」
と　いひました。　五郎は　まだ小さくて、　何も　分りませんでしたが、　十郎は　なみだを　おさへて、

「きつと　此の　かたきを　取つて見せます。」

と　答へました。

九つと　なり、七つと　なつたころからは、遊事にも、兄が　弓を　ひけば、弟は　たちを　ふりまはし、早く強くなつて、かたきを　取らうと　心がけました。けれども　かたきの　くどうは、みなもとの　よりとも　といふ大將の　お氣に入りで、いつも　大ぜいの　家來を　つれて居ます。二人のものは　なかなか　そばへ　よることも　出來ません。くどうが　東へ　行けば、兄弟も　東へ　行き、西へ　行けば、西へ　行き、長い間　つけねらひましたが、手を出す　すきは　ありませんでした。

ある年、よりともは　日本國中の　さむらひを　引きつれて、ふじの　まきがりを　いたしました。かたきの　くどうも　よりともの　おとも　をして行つて居ます。兄弟は　今度こそはと、母に　いとまごひを　して、ふじのすそ野へ　急ぎました。

五月二十八日、雨のふる　ばんの　事です、二人は　たいまつで　道を　て

らして　くどうの　やかたへ　向ひました。
今夜かぎりの　いのちと　思つて、
十郎「五郎、　かほを　見せよ。」
五郎「兄上。」
二人は　たいまつを　上げて、　つくづくと
かほを　見合ひました。
兄弟は　くどうの　やかたへ　ふみこみました。　ふみこんで　見ると、　くどうは　よくね入つて　居ます。　ね入つて居る　ものを　きるはひけふと、
「おきよ、　すけつね。　曽我兄弟が　まゐつた。」
と名のりました。　すけつねも　人に　知られたさむらひ、
「心えた。」

と、　まくらもとの　刀を　取って　おき上ろうと　しました。　二人は　すかさず　うち取って、　十郎は　二十二、　五郎は　二十、　父が　うたれてから　十八年目に　めでたく　のぞみを　とげました。

〈国語読本巻四　第二十四課〉

しかし生徒たちはすでに平和で近代的で豊かになった日本で育っていたから、仇討《あだう》ちとは野蛮な話だと思いながら習っていた。そこで教科書ではこのように兄弟愛の情の部分を教えていた。まだ小学二年生である。もう少し大きくなって、「美しいな、どうして美しいんだろう」「何が美しいんだろう」と考えるあたりから、学問が始まるのである。

◆なぜ「知・情・意」が必要か

戦後教育では、「情・意」が抜け落ちて「知」の一辺倒になってしまった。「知」は試験をして採点することで簡単に測ることができる。教えたことを覚えていないとか、間違っているとか誰でも評価できる。教える側の都合もよかったが、教えられる側も「採点基準がわからないのは困る」「好き嫌いで成績を決められたらかなわない」と、客観評価できる「知」に絞ることを望んだのだ。戦後の教育の欠陥はここからはじまった。

「情」がなくなると、つづいて「意」が消える。

「飛行機はすごいな。格好いいな」「病気のおじいちゃん、つらそうだな。かわいそうだな」といった感情がまずあって、「自分も操縦したいな」「将来は医者になろう」といった意欲が生まれるのだ。感情の動きが大きいほど、つまり「情」がしっかりと育っているほど、困難な目標であっても「意」すなわち意志を持ち続けられるのである。

虚弱な「情」では、意志など生まれない。頑張ろうという気概どころではないから、「知」のほうもたいしたものにはならない。次のような物語を読んで、何を感じるか、心の中にどんな気持ちが湧き起こるかが大切なのである。

燈臺守《とうだいもり》の娘

英國の東海岸にロングストーンといふ島がある。其の一角にそびえてゐる燈臺に、年とつた燈臺守が、妻と娘と三人で、わびしくその日を送つて居た。波風の外には友とするものもない此の島で、老夫婦のなぐさめとなるものは、氣だてのやさしい一人娘のグレース、ダーリングであつた。

或秋の夜の事である。一そうの船が、俄の嵐におそはれて、此の島に近い岩に乗上げた。船は二つにくだけて、船尾の方は見る〳〵大波にさらはれてしまつた。岩の上に殘つた船體には、十人許《ばかり》の船員がすがり附いて、聲を限りに救を求めたが、何のかひもなかつた。

夜がほの〴〵と明けた頃、荒れくるふ海上を見渡したグレース親子は、ふとはるかの沖合に、かの難破船を見とめた。娘は驚いて、

「まあ、かはいさうに。おとうさん、早く助けに行きませう。早く〳〵。」

「あの波を御らん。かはいさうだが、とても人間業では救へない。」

「私は、とても人の死ぬのをじつと見ては居られません。さあ、行きませう。命を捨ててかゝつたら、救へないことはありますまい。」

此のけなげな言葉は遂に父を動かした。二人は早速ボートを出す支度に取りかゝつた。

やがてボートは岸をはなれた。打返す磯《いそ》波にまき込

まれたかと思へば、忽ち大波にゆり上げ、ゆり下げられながら、沖へ〳〵とつき進む。親子は死力を盡くして漕ぎに漕いだ。岩の附近は波がいよ〳〵荒れくるふ。打ちよせる大波、打返すさか波、危く岩に打付けられ、忽ち死の口に呑まれようとする。一進一退、たゞ運を天にまかせて、二人はボートをあやつつた。からうじてボートはかの難破船にたどり着いた。生殘つた船員は涙を流して喜んだ。親子は非常な危險ををかして、人々をボートに收容し、又あらん限りの力をオールに注いで、我が家へと向つた。つかれ果てた人々も、親子の勇ましい働にはげまされて、我も〳〵と力をそへる。かうしてボートは再び荒波を切り抜けて、燈臺に歸り着いたのである。

二日たつて、天氣も晴れ、波浪もをさまつた。グレースの眞心こめた看護によつて、全く元氣を回復した人々は、親子にあつく再生の恩を謝し、名殘を惜しんで此の島を去つた。

今まで人にも知られなかつた燈臺守の娘グレース、ダーリングの名は、程なく國の内外に傳はつた。娘の勇ましい行爲は、歌に歌はれ、其の肖像畫《せうざうが》は到る處の店頭に飾られた。

〈国語読本巻九　第五課〉

こうした物語を読んで、心に湧く思いは点数で評価はできない。それを感想文でむりやりに評価しようとするから妙なことになる。

いちばん始末に悪いのが、「情・意」はないくせに、ペーパーテストの成績だけはよかったという「知」だけを備えた連中だ。そういう人間が責任ある立場にいる場合、頭のいい人ほど、あれこれ言って問題を先送りしてしまう。果敢に判断して実行するのは、現場でたたき上げた人たちだ。

東日本大震災やその後の原発事故で、慌てふためいたのは頭がいいと自認していた民主党政権の政府と官僚、東京電力の経営陣だった。事故は現場で起きているのに、東京本社に指揮系統があって、しかも「想定外」を連発して責任を逃れようとしていた。

原発事故のような深刻な事態が生じたときは、指揮権をただちに現場に移すのが危機管理の鉄則だが、東京電力本社はまったくそうした措置を講じなかったことが明らかになっている。

業を煮やした当時の菅直人《かんなおと》総理は「自分は理系の東京工業大学出身だ」とトレードマークの政治主導を振りかざして現場にくちばしを挟んだけれども、政治家としての覚悟があるわけでもないから、結局、混乱を重ねただけだった。

知性だの理性だのは、先延ばしに非常に便利な方法である。「知」ばかり尊重する教育を受けて、成績がいいからと誉められて育ち、「自分は優秀だ」と思い込んだ人間は、例外なく先延ばしをするようになる。

できない理由や何もしない理由は、ほんの少し知力を働かせて、理屈をつけてしまえばいいのである。そんなことばかり熟達する。行動しないのは、「知」だけあって「情」がないために、意思も意欲も湧いてこないからだ。

まして「自分の責任において引き受ける」という、覚悟など出てこない。「命がけの覚悟で」とか「命を賭して」などと口先では簡単に言う。こんなのは狡知《こうち》ですらない。「情・意」がなくて「知」もない輩《やから》と言うほかはない。

◆人間を知能指数や偏差値で測って何になる

戦前の教科書をひもといて感じることは、知能指数や偏差値などでは子どもたちを見ていなかったのだろうな、ということだ。

知能指数を大雑把に説明すれば、十歳で十二歳のことがわかると一二〇になるような、実際の年齢と知能の年齢の比を統計的に処理したものだ。こんなものは統計ごっこにすぎないのだが、アメリカで流行った。アメリカ人は人間観察が粗末だから、学者がこんな指数を発明すればみんなが感心して、喜んで使う。

私は幸い、大人になってから知能指数という言葉を聞いたので、そんなものを検査されなくて済んだのだが、何という馬鹿なことをやっているのかと思った。検査されるとわかっていれば、わが子には低い点より高い点を取って欲しいと思うのが親の人情というものだ。検査のために対策を練って促成教育して子どもをモヤシにしてしまえば、数字なんかは上がるではないか。

頭でっかちになっただけの知識が何の役に立つというのか。役に立つどころか、邪魔になる。昔から「十で神童、十五で才子、二十歳過ぎればただの人」と、よく言うではないか。それが当たり前なのだ。

偏差値になると友だちとの比較だからもっと悪い。これは集団の中での出来不出来を示す数字だから、全体のレベルが低くても、相対的に得点が高ければ偏差値は高くなる。

最近の東大受験者のレベルが上がっているのか下がっているのかは知らないが、受験生の中で相対的に上位の得点を取った人間が合格するというシステムは変わらない。これまた統計ごっこだが、合格しそうかどうかの判断には都合がいいとして、受験の世界では大手を振って通用している。

友だちと比較できないような才能は何だろう、と考えなくてはいけない。それに答えられない人が全国一斉模擬試験とか、受験者の範囲を広げれば優秀な人間が現われると思っている。

「日本一」の子どもはいる。それは東北にもいるし、四国にもいる。九州にも北海道にも、全国にあまねくいるから、無理に比べる必要はないだろう。将棋や碁の名人がそうであるように、子どものころから自然に強いのだ。そんな子どもが切磋琢磨《せっさたくま》して昇段し、名人になる。「では教育してつくれ」と言っても、名人はつくれない。これはいわゆるエリート教育の是非という話になるけれども、そんな天才的な頭脳を持った人間は、日本に一〇人もいれば十分だ。

◆エリートの欧米崇拝は戦前から

小学校六年生の最後に教わるのが、「我が国民性の長所短所」である。ここまでを終えると義務教育を修了したことになる。

尋常小学校を出た後、中学校へ進むのが高等教育へのメインルートだったが、実際に進んだのは生徒が一〇人いたとしたら一～二人くらいの割合だった。そこから高校、大学へと進学するのはさらに少ない。文部科学省の資料によると、昭和十年代で大学進学率は、高等教育機関とされた旧制高校・専門学校・実業専門学校と大学をすべてあわせても五%弱というところだ。

したがって高等教育を受けた人たちはまぎれもなくエリートということになるが、欧米崇拝になった連中は、この高等教育を受けた人たちだった。一方、尋常小学校卒で働いたり、専門学校や実業学校などに進んだ残りの日本人は、欧米などを崇拝せずに健全であった。

以下が、そんな彼らが義務教育の最後に習った項目の、第二十七課の全文である。

我が國民性の長所短所

我が國が世界無比の國體《こくたい》を有し、三千年の光輝ある歴史を展開し來つて、今や世界五大國の一に數へられるやうになつたのは、主として我々國民にそれだけす

ほんの一握りの人だけがエリートになれた
<高等教育機関の進学者数及び進学率の推移>

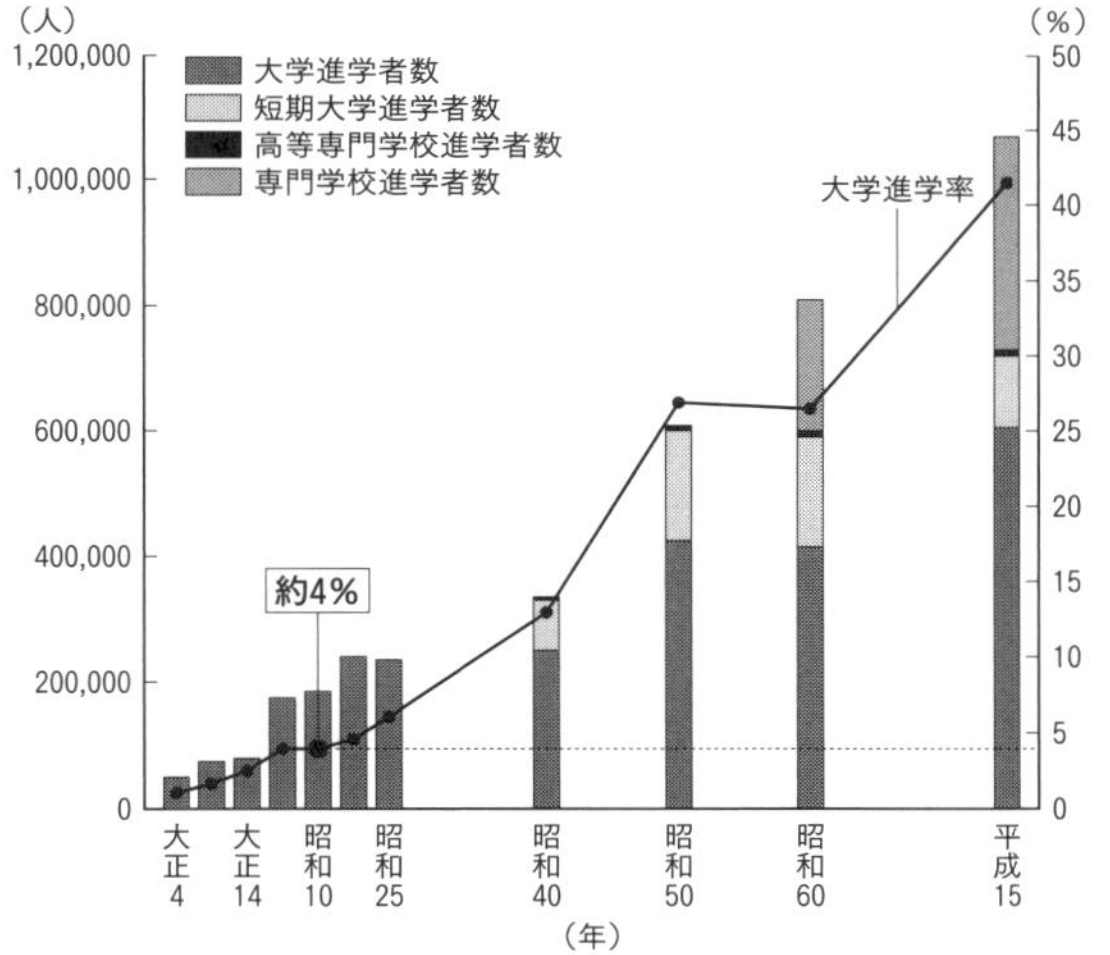

進学率＝大学進学者数、短期大学進学者数、高等専門学校4年生在学者数、専門学校進学者数の合計を18歳人口（3年前の中学校卒業者数）で割ったもの
●昭和25年前までの大学進学率（進学者数）は高等教育機関の就学率（在籍者数）
高等教育機関とは高等学校（旧制）、専門学校・実業専門学校、大学（旧制）など
●高等専門学校の進学者数は第4学年の在籍者数
●専門学校は専門課程への進学者数
出典：文部（科学）省「学校基本調査」（昭和25年以前については「文部省年報」）をもとに作成

戦前の高等教育を受けた人たちはほんの一握りしかいなかった。昭和10年の総人口はおよそ6900万人（総務省統計局調べ）。グラフを見ると、昭和10年当時の高等教育機関の在籍者数は20万人弱なので、国民のおよそ0.2%が「エリート」であった。

ぐれた素質があつたからである。君と親とに眞心を捧げ盡くして仕へる忠孝の美風が世界に冠たることは、今更いふまでもない。忠孝は實に我が國民性の根本をなすもので、之に附隨して幾多の良性・美德が發達した。

東海の島に據《よ》つた日本は、國家を建設する上に頗《すこぶ》る有利であつた。四周の海が天然の城壁となつて、容易に外敵のうかゞふことを許さないから、國家の存立を危くし、國民の生活をおびやかすやうな危機は絶無であり、國内はおほむね平和であつた。隨《したが》つて國民は國の誇を傷つけられたことがなく、又其の誇を永久に持續しようとする心掛けも出來て、いざといへば、擧國一致國難に當る氣風を生じた。萬世一系の皇室を中心として團結した國民は、かくていよ〳〵結束を固くし、熱烈な愛國心を養成した。其の上我が國の美しい風景や温和な氣候は、自ら國民の性質を穩《をん》健ならしめ、自然美を愛好するやさしい性情を育成するのに與《あずか》つて力があつた。

しかし此の事情は一面に國民の短所をもなしてゐる。狹い島國に育ち、生活の安易な樂土に平和を樂しんでゐた我が國民は、とかく引込み思案におちいり易く、奮鬪《とう》努力の精神に乏しく、遊惰《だ》安逸《いつ》に流れるかたむきがある。温和な氣候や美しい風景は、人の心をやさしくし、優美にはするが、雄大豪《がう》壯の氣風を養成するには適しない。殊に徳川幕府二百餘年の鎖《さ》國は、國民をして海外に發展する意氣を消磨せしめ、徒《いたずら》に此の小天地を理想郷と觀じて、世界の大勢を知らぬ國民とならしめた。其の結果今日も尚國民は眞の社交を解せず、人を信じ人を容《い》れる度量に乏しい。そこで海外に移住しても外國人から思ひ掛けぬ誤解を受けて排斥《はいせき》されるやうなことも起つて來る。すべて日本人の短所として、性質が小さく狹く出來たきらひがある。其の原因はいろ〳〵あらうが、昔から此の島國で荒い浮世を知らずに過して來たことが其の主たるものであらう。今日我が國が列强の間に立つて世界的の地歩を占めた以上、かういふ短所はやがて我が國民から消去るであらうが、出來る限り早く之を一掃することは我々の務ではあるまいか。

支那・印度の文明を入れ、更に西洋の文明を入れて長足の進歩を成し遂げた日本國民は、賢明な機敏な國民である。他國の文明を消化して、之を巧みに自國のものとすることは、實に我が國民性の一大長所である。しかし此の半面にもまた短所がうかゞはれないであらうか。自分で思ふまゝに造り出す創造力は、十分に發揮せられたことがなく、昔から殆ど摸倣《もはう》のみを事として來た觀がある。習、性となつては、遂に日本人には獨創力がないであらうと自らも輕んじ、外國人からも侮られる。しかし摸倣はやがて創造の過程でなくてはならぬ。我々は何時かは摸倣の域を脱して十分に獨創力を發揮し、世界文明の上に大いに貢獻《こうけん》したいものである。

我が國民には潔いこと、あつさりしたことを好む風がある。櫻の花の一時に咲き一時に散る風情《ふぜい》を喜ぶのがそれであり、古の武士が玉とくだける討死を無上の名譽としたのがそれである。日本人ほどあつさりした色や味はひを好むものはあるまい。あつさりしたこと、潔いことを好む我が國民は、其の長所として廉恥《れんち》を貴び、潔白を重んずる美徳を發揮している。しかし其の半面には、物にあき易く、あきらめ易い性情がひそんではゐないか。堅忍不抜《けんにんふばつ》あくまでも初一念《しょいちねん》を通すねばり強さが欠《か》けてはゐないか。こゝにもまた我々の反省すべき短所があるやうである。

我が國民の長所・短所を數へたならば、まだ外にもいろいろあらう。我々は常に其の長所を知つて、之を十分に發揮すると共に、又常に其の短所に注意し、之を補つて大國民たるにそむかぬりつぱな國民とならねばならぬ。

〈国語読本巻十二　第二十七課〉

繰り返し述べてきたように、明治維新によって足早に近代国家となった日本は、世界を相手に大戦争をして負け、その後、経済戦争をして勝った。おそるべき戦敗と戦勝の二つをちょうど私は経験した。

今、あらためてこの「我が國民性の長所短所」を読むと、イギリス人、アメリカ人、あるいは中国人であれ、偉い人は偉い。くだらない人はくだらない。大正時代の教科書は、そういう認識で貫かれていたことがよくわかる。

そしてなにより長所短所の議論の仕方が、上から説教をたれる言い方をしていない。

戦時下の国民学校や中学のときは、日本の短所は教科書には出てこなかった。戦争の真っ最中だから短所なんて言わないで、長所ばかりが説かれた。勇猛果敢で忠君愛国になるような教科書だった。

それが戦後になると、今度は短所ばかり述べ立てるようになる。朝日新聞や岩波書店といった、いわゆる「朝日岩波文化」の人々は、「戦前の日本は間違っていた」「正しいのはこういう考え方です」と、高いところから啓蒙するという姿勢である。

蒙《もう》を啓《ひら》く、すなわち物知らずな連中に、正しいことを教え導いてやるというのだ。これは戦後さんざん聞かされた。

◆今こそ必要な「徳」を育てる教科書

戦争中の長所ばかり、戦後の短所ばかりを挙げる有為転変が始まる前、大正時代にこの教科書を作った日本人は偉かったと思う。その人たちが今教科書を書けばどう書くのか想像してみよう。

アメリカは道徳的にダメだから、グローバリズムはもう行き詰まっている。今の世界がこれ以上、平和になったり豊かになったりすることはない。中国はもちろんだめだ。一党一派の発展しか眼中にない。フランスは今や社会主義だ。フランス文化の枠のようなブランドのハンドバッグなど、日本人はたくさん持っているが、よく見れば中国製と表示されているはずだ。

したがって「我が国の長所短所」という議論は消えてしまった。長所と言って自慢もしないが、かといって短所と言って気にするところのものもない。そうした判断も個人個人がしているから、教科書で統一見解を教えてもらう必要はないと国民が言っている。

それをまだ理解できないのが、「外国に見られたら恥ずかしい」などとテレビで口にするコメンテーターだ。あえて名指しにすれば『朝日新聞』一族だ。『朝日新聞』の投書欄など、「外国の目で見たらどう思われるだろう」といった論旨のものがやたらと多い。もちろんそんな投書を選んで採用しているわけだが、それに合わせてうまく書く人もたくさんいる。

大正時代の人が、今また教科書を作ったとしたら、外国との比較よりも、もっと日本ならではの心を育てることにページを割くに違いない。日本ならではの心といえば、冒頭で述べた思いやりやいたわり合う心、そして謙譲や自己犠牲、侘《わ》びとさびなど挙げればきりがないが、ここで大切にしたいのは「徳」を保つことである。

これは戦前の多くの健全だった国民と同じく、今も日本人は失わずに保っている。人間社会には「徳」というものがあって、これがあると全体がうまく機能する。日本人はこれが感覚でわかっている。アメリカ人や中国人にはわからない。その違いが文化というものだ。

とはいえ日本人として生まれてきても、教えてやらなくてはわからないし、身につかない。その手段のひとつが教科書なのだ。「知・情・意」が揃っていることが「徳」の必要条件になる。「『徳』を教えるのなら道徳という教科でやればいい」というのは、ものごとを構成要素に分解して理解すればいいとする要素還元主義であって、もはや古典的な西洋的進歩礼賛思想だ。国語という教科の意味を、よく考えていただきたいと思う。

「知・情・意」がバランスよく、たくさん詰まっていた昔の教科書を、今、あらためてひもといて、真剣に議論するべき時期が来たのだ。

面白いエピソードを一つ書いて終わりにしよう。

阪急と宝塚歌劇をつくった小林一三《こばやしいちぞう》が戦争中に綴った随筆で、こんなことを書いていた。

「韓国で若い男女が待ち合わせをすると、いつの間にか日本語で話すようになるらしい。韓国語は男尊女卑がひどいし、そもそも待ち合わせという言葉がないらしい」

同じことは戦後の日本でもあった。若い男女が時間を約束して落ち合うことを日本語で言うと「あいびき」になるが、それでは古すぎて実態に合わない。そこへ、アメリカから「デート」という言葉が入ってきたので、みんなはそれを喜んで使った。

実際があって言葉が生まれ、

言葉があって実際が生まれる。

そんな相互作用が積み重なると血が通った用語が誕生するらしい。

本書に収録した戦前の教材は、大正六年から昭和十八年にかけて発行された『尋常小学国語読本』『尋常小学修身書』『国民学校国語読本初等科国語』に基づいています。

引用文中における旧字・旧仮名遣いは原則、原文のままとし、一部の旧字体については新字に改めました。

また、旧仮名遣いの振り仮名は、原文でつけられていたものですが、読みやすさを考慮し、適宜編集部が現代仮名遣いで補いました。

なお、引用文中に、今日から見れば不適切と思われる表現がありますが、時代背景に鑑み原文のままとしました。


（編集部）

一〇〇字書評

切り取り線

購買動機（新聞、雑誌名を記入するか、あるいは○をつけてください）

- □ （　　　　　　　　　　　　　　　）の広告を見て
- □ （　　　　　　　　　　　　　　　）の書評を見て
- □ 知人のすすめで
- □ タイトルに惹かれて
- □ カバーがよかったから
- □ 内容が面白そうだから
- □ 好きな作家だから
- □ 好きな分野の本だから

●最近、最も感銘を受けた作品名をお書きください

●あなたのお好きな作家名をお書きください

●その他、ご要望がありましたらお書きください

住所	〒				
氏名		職業		年齢	
新刊情報等のパソコンメール配信を 希望する・しない	Eメール	※携帯には配信できません			

あなたにお願い

この本の感想を、編集部までお寄せいただけたらありがたく存じます。今後の企画の参考にさせていただきます。Eメールでも結構です。

いただいた「一〇〇字書評」は、新聞・雑誌等に紹介させていただくことがあります。その場合はお礼として特製図書カードを差し上げます。

前ページの原稿用紙に書評をお書きの上、切り取り、左記までお送り下さい。宛先の住所は不要です。

なお、ご記入いただいたお名前、ご住所等は、書評紹介の事前了解、謝礼のお届けのためだけに利用し、そのほかの目的のために利用することはありません。

〒一〇一-八七〇一
祥伝社黄金文庫編集長　萩原貞臣
☎〇三（三二六五）二〇八四
ohgon@shodensha.co.jp

祥伝社ホームページの「ブックレビュー」からも、書けるようになりました。
http://www.shodensha.co.jp/bookreview/

祥伝社黄金文庫

いま日本人《にほんじん》に読《よ》ませたい「戦前《せんぜん》の教科書《きょうかしょ》」

平成30年7月20日　初版第1刷発行

著　者　日下公人《くさかきみんど》
発行者　辻　浩明
発行所　祥伝社《しょうでんしゃ》
〒101－8701
東京都千代田区神田神保町3－3
電話　03（3265）2084（編集部）
電話　03（3265）2081（販売部）
電話　03（3265）3622（業務部）
http://www.shodensha.co.jp/

印刷所　萩原印刷

製本所　ナショナル製本

Printed in Japan　ⓒ 2018, Kimindo Kusaka　ISBN978-4-396-31737-9 C0195

祥伝社黄金文庫

川口葉子
京都カフェ散歩
喫茶都市をめぐる

とびっきり魅力的なカフェが多い京都。豊富なフォト&エッセイで、たっぷりご案内。

川口葉子
東京カフェ散歩
観光と日常

カフェは、東京の街角を照らす街灯。人々の日常を支える場所。街歩きという観光の拠点。エリア別マップつき。

川口葉子
鎌倉湘南カフェ散歩
海と山と街と

海カフェ、山カフェ、街カフェ――自然と文化と言霊と。バランス良く盛り合わされた彩り豊かなカフェ都市へ。

沖幸子
50過ぎたら、ものは引き算、心は足し算

「きれいなおばあちゃん」になるために。今から知っておきたい、体力と時間をかけない暮らしのコツ。

沖幸子
50過ぎたら見つけたい人生の〝落としどころ〟

無理しない家事、人付き合い、時間使い……。年を重ねたからこそわかる、そこそこ〝満足〟な生き方のヒント。

沖幸子
50過ぎたら、家事はわり算、知恵はかけ算
美しく生きるための人生のかくし味

心穏やかに、豊かに暮らす／少しの手間で、上手に片付ける／品性を身につける／心軽やかに生きるために／ほか

祥伝社黄金文庫

樋口清之
完本 梅干と日本刀
日本人の知恵と独創の歴史
日の丸弁当の理由、地震でも崩れない城の石垣……日本人が誇る豊かな知恵の数々。真の日本史がここに!

樋口清之
秘密の日本史
梅干先生が描いた日本人の素顔
仏像の台座に描かれた春画、平城京時代からある張形……教科書では学べない、隠された日本史にフォーカス。

樋口清之
逆《さかさ》・日本史
〈武士の時代編 江戸→戦国→鎌倉〉
「樋口先生が語る歴史は、みな例外なく面白く、そしてためになる」(京都大学名誉教授・会田雄次《あいだゆうじ》氏)

樋口清之
逆・日本史
〈神話の時代編 古墳→弥生→縄文〉
ベストセラー・シリーズの完結編。「疑問が次々に解き明かされていく興奮を覚える」と谷沢永一《たにざわえいいち》氏も激賞!

樋口清之
逆・日本史
〈市民の時代編 昭和→大正→明治〉
〝なぜ〟を規準にして歴史を遡《さかのぼ》っていく方法こそ、本来の歴史だと考えている。(著者のことばより)

樋口清之
逆・日本史
〈貴族の時代編 平安→奈良→古代〉
「なぜ」を解きつつ、日本民族の始源に遡《さかのぼ》る瞠目の書。全国民必読のロング・ベストセラー。

祥伝社黄金文庫

日下公人
「道徳」という土なくして「経済」の花は咲かず
日本の復活とアメリカの没落
日本の底力は、道徳力によって作られた「相互信頼社会」の土台にある。この土壌があれば、経済発展はたやすい。

日下公人
食卓からの経済学
ビジネスのヒントは「食欲」にあり
経済を「食の歴史」から分析する。◎うまいカレーに必要な「鶏の心理」◎高いチーズから売れる秘密……。

河合　敦
驚きの日本史講座
昭和の教科書とこんなに違う
新発見や研究が次々と教科書を書き換える。『世界一受けたい授業』の人気講師が教える、日本史最新事情！

河合　敦
復興の日本史
いかにして度重なる災害や危機を乗り越えてきたか
関東大震災、大空襲、飢餓、戦乱、疫病の流行……。立ち直るヒントは歴史の中にあった！

桜井　進
雪月花《せつげつか》の数学
日本の美と心をつなぐ「白銀比」の謎
北斎《ほくさい》、雪舟《せっしゅう》、法隆寺、平安京、茶室、生け花、俳句——。「数」と「形」が解き明かす日本文化の「美」と「心」。

ひすいこたろう
白駒妃登美
人生に悩んだら「日本史」に聞こう
秀吉、松陰、龍馬……偉人たちの発想の転換力とは？　悩む前に読みたい、愛すべきご先祖様たちの人生訓。